DISCARDED FROM
GARFIELD COUNTY PUBLIC
LIBRARY SYSTEM

GARFIELD COUNTY LIBRARIES
Parachute Branch Library
244 Grand Valley Way
Parachute, CO 81635
(970) 285-9870 – Fax (970) 285-7477
www.gcpld.org

TRUCOS PARA ORGANIZAR EL TIEMPO

TRUCOS PARA ORGANIZAR EL TIEMPO

Pedro Palao Pons

Copyright © EDIMAT LIBROS, S. A.
C/ Primavera, 35
Polígono Industrial El Malvar
28500 Arganda del Rey
MADRID-ESPAÑA

ISBN: 84-9764-526-X
Depósito legal: M-1077-2005

Colección: Trucos
Título: Trucos para organizar el tiempo
Autor: Pedro Palao Pons
Coordinación de la obra: Servicios Integrales de Comunicación
Olga Roig
Asesores: Luisa Cantarín, Lucía Domingo, Elisenda Gracia,
Ana Ibáñez, Maribel Lopera, Dionisio Trillo
Redacción y documentación: Patricia Bell, Adriana Magali,
Lydia Shammy, Eva Shongart, Yosano Sim
Corrección: F.M. Letras
Concepción gráfica: CKR Diseño

Diseño de cubierta: Alexandre Lourdel
Impreso en: COFÁS

Reservados todos los derechos. El contenido de esta obra está protegido por la Ley, que establece
penas de prisión y/o multas, además de las correspondientes indemnizaciones por daños y perjuicios,
para quienes reprodujeren, plagiaren, distribuyeren o comunicaren públicamente, en todo o en parte,
una obra literaria, artística o científica, o su transformación, interpretación o ejecución artística fija-
da en cualquier tipo de soporte o comunicada a través de cualquier medio, sin la preceptiva autoriza-
ción.

IMPRESO EN ESPAÑA – *PRINTED IN SPAIN*

ÍNDICE

INTRODUCCIÓN

En el mundo tecnificado que vivimos todos, de una u otra forma tenemos la sensación de que el tiempo se nos escapa de las manos. Los expertos nos hablan de la existencia de la civilización del zapping y nos cuentan que nos hemos acostumbrado tanto al llamado «cambio de canal» que esa misma rapidez es la que pretendemos darle a nuestra existencia. Lo malo de todo ello es que, muchas veces, nos sometemos a una aceleración poco práctica; es más, podríamos decir que incluso poco operativa. Esta aceleración produce, entre otras muchas cosas, que no seamos capaces de organizar no sólo nuestro tiempo libre, sino tampoco el tiempo de trabajo.

Los expertos analistas de los tiempos de producción y ocio llegan a la conclusión de que la nuestra es una época de excesos: demasiadas actividades, responsabilidades, opciones, lugares e incluso distracciones, nos conducen de forma a veces demasiado vertiginosa a no ser capaces de poder asumir, no sólo todo lo que nos gustaría hacer, sino también aquello que debemos hacer, nos guste o no.

Ciertamente, las sociedades, no ya industrializadas, sino tecnificadas como la nuestra, no son ni de lejos las auguradas «sociedades del ocio», sino que más bien se parecen a las sociedades del reloj. Hace algunos años, no más de cuarenta, se presagiaba que en el siglo XXI la tecnología estaría tan inmersa en los hogares que viviríamos un pleno tiempo de ocio, donde difícilmente tendríamos un momento para aburrirnos. Se nos vendía una imagen de distracción, de tranquilidad, de «tiempo libre». Sin embargo, las cosas no parecen cuadrar mucho con aquel modelo. ¿O sí? ¿No será que no sabemos aprovechar de verdad lo que tenemos a nuestro alcance?

El anuncio de la llegada de la tecnología es una realidad: está presente en todas partes. Se supone que en todas las casas hay algo que hoy es tan normal como una lavadora, o como una secadora. Estos dos elementos tan cotidianos nos han librado de todo el proceso de lavado que ocupaba horas en otros tiempos. Además, gracias a la secadora, evitamos tener que tender la ropa, esperar a que se seque y luego tener que recogerla del tendedero. La perfección llegará cuando la ropa salga planchada, pero pese a todo ello no podemos negar que hemos ahorrado tiempo, que supuestamente deberíamos utilizar en nosotros.

Sin embargo, para muchas personas, el simple hecho de tener que poner una lavadora o una secadora ya es un problema de organización: «no tienen tiempo». No es cierto: simplemente, es que muchas veces no piensan en ello o no lo organizan de forma adecuada.

Veamos otro ejemplo, también doméstico. Atrás han quedado aquellos días en que debíamos lavar, cortar y hervir las verduras como lo hacían las madres o las abuelas.

Atrás han quedado los días de los guisos complejos e interminables. Hoy la cocina es mucho más sencilla y cuando se guisa, teóricamente, es o por puro placer o porque, paradojas de la vida, se tiene tiempo. Lo raro es destinar muchas horas a la llamada cocina de diario.

En la actualidad podemos comprar productos congelados que ya vienen limpios y casi preparados, y es posible que hasta los encontremos precocinados, con lo que tener un buen plato en la mesa no es cuestión de minutos sino de segundos, cuando antes a veces era cuestión de horas. En cambio, nos quejamos de no tener tiempo, afirmamos que las tareas del hogar no se acaban nunca y de cuando en cuando decimos aquello de «encima, todavía tengo que cocinar». Es cierto, pero de una forma que nos permite aprovechar el tiempo para otras cosas.

Pero sigamos con la tecnología. Disponemos de agendas electrónicas capaces de organizar nuestra vida al dedillo; tenemos electrodomésticos inteligentes que pueden programar sus funciones para servirnos con diligencia; usamos teléfonos móviles con miles de servicios, disponibles a todas horas.

Por tener, tenemos ordenadores para trabajar de una forma más cómoda y rápida, o para estudiar y navegar por Internet, ese otro mundo donde todo es posible y que nos ofrece una ventana abierta a un universo de oportunidades casi infinitas. Disponemos de todo ello, pero no tenemos tiempo, al menos no para usarlo todo de una forma adecuada.

Ejemplos como los anteriores deberían servir para darnos cuenta de lo afortunados que somos, de la gran cantidad de cosas que están a nuestro alcance y que tienen por objeto hacer nuestra vida más facil, pero que no siempre sabemos valorar ni utilizar de forma adecuada en nuestro propio beneficio.

No es cierto que no tengamos tiempo, lo que muchas veces no tenemos es idea de cómo «gastarlo» o en qué invertirlo. Nos hemos acostumbrado a que todo pasa deprisa, a que las cosas no son para mañana, sino para ayer; a que todo debe ser inmediato, de manera que desesperamos cuando no es así. Esta rapidez es la que produce que muchas veces no seamos conscientes de que estamos perdiendo el tiempo porque nos dejamos llevar por la vorágine de los acontecimientos sin más.

Todos los seres humanos —los filósofos clásicos ya lo decían en su tiempo— perdemos, valga la redundancia, el tiempo. Pero perderlo a conciencia y por placer es una cosa, y perderlo o no aprovecharlo es algo bien diferente.

Debemos aprender a «robarle» minutos al reloj, y al cabo del día serán muchos los que podamos conseguir; tantos, que seguro podríamos obtener alguna que otra hora extra.

Sin ningún género de dudas, el aprovechamiento del tiempo (o, mejor dicho, el concepto de él) depende de la cultura y del sistema de vida que llevemos a cabo. No será igual el tiempo del vendedor de un zoco que el de unos grandes almacenes.

El primero no tiene prisa, le gusta conversar, deja que su cliente se fije en sus productos y cuando tenga uno escogido tendrá todo el tiempo del mundo para llevar a cabo el clásico juego del regateo.

El segundo nos perseguirá o no, según el criterio de venta; esperará que cojamos el aparato o producto que más nos interese y nos lo pasará por la línea de cajas, donde pagaremos con bastante rapidez.

No hace falta viajar muy lejos para observar cómo dos personas de un mismo país o cultura poseen una distinta conceptualización de las cosas y de la forma de llevarlas a cabo. Todo suele depender de los procesos educativos. Pese a todo ello, no podemos pretender que todo el mundo se comporte de igual forma y debemos aprender, con paciencia y fuerza de voluntad, a realizar cuantas adaptaciones sean necesarias.

Para unos, las prisas serán el auténtico motor de su vida, el hecho de «trabajar bajo presión» será la única forma de que rindan al máximo. En cambio, otros precisarán de muchísimo tiempo para poder organizar sus cosas, y necesitarán, además, ser metódicos en cada uno de los pasos que den. ¿A qué se debe la diferencia? Podríamos hablar de cuestiones educativas, sociales o incluso de necesidad, pero hay un concepto que nos lo resume mucho mejor: carácter.

No todos somos iguales. Cada uno responde a los impulsos que le da la vida en función de unos parámetros de vida y de carácter. Así, en un mismo tipo de sociedad, dos personas pueden dilapidar o ahorrar el tiempo según sea su forma de entender la existencia, y ello vendrá determinado por el carácter, que no es sino parte de su propia naturaleza. Eso sí, una naturaleza que todos, los rápidos y los lentos, los que pierden el tiempo y los que no, pueden «domesticar» para que su vida sea más aprovechable.

Nuestra vida se compone, al margen de un buen número de minutos perdidos al cabo del día, de una buena cantidad de horas en las que no siempre hacemos lo que deberíamos. Horas en las que perdemos el tiempo en detrimento de otras cosas que pueden ser más interesantes. ¿Cuál es el motivo de todo ello? La ausencia de planificación unas veces, la desidia o el desinterés otras. Por supuesto, nuestro carácter también tiene una relación directa en todo ello.

A lo largo de las páginas siguientes vamos a ver de qué manera podemos convertir el tiempo, no en un enemigo, sino en un aliado, en un elemento con el que podemos trabajar y del que podemos sacar partido. En definitiva, sólo se trata de aprender a ser organizados y, por supuesto, de aprender a mantener el orden con fuerza de voluntad, paciencia y un poco de dedicación, al final todo ello nos dará interesantes resultados.

Pero para comenzar a trabajar debemos, forzosamente, empezar a conocernos mejor y darnos cuenta con total humildad de cómo somos, de qué forma actuamos y qué cosas podemos cambiar. Una vez hayamos descubierto cómo actuamos en realidad y qué fallos cometemos a la hora de organizar nuestras actividades diarias, sabremos algo más de nuestro carácter y podremos aprovechar mejor nuestras cualidades.

No sirve de nada decir «soy desorganizado» y luego no hacer nada. Debemos tomar cartas en el asunto asumiendo que nuestro carácter tal vez no se pueda cambiar, pero sí las formas de enfocar la vida y las obligaciones.

Una vez sepamos cómo somos y de qué manera deberíamos enfrentarnos a la organización de nuestra vida, iremos desgranando poco a poco la cotidianidad.

De esta manera sabremos ver cómo podemos planificar mejor aquello que hacemos diariamente y conocer, así, la forma o el método de trabajo a seguir para que los minutos cundan y, al cabo del día, cuando nos vayamos a dormir, no tengamos la sensación de que ha pasado un día más y todavía lo tenemos todo desorganizado y por hacer.

Éste es un libro de ideas y trucos de formas y procedimientos de actuación, pero los textos reflejados en estas páginas no tendrán valor alguno si el lector no se compromete consigo mismo en trabajar, en cambiar posturas y en esforzarse por adecuar aquello en lo que falla. Sólo así, mediante pequeños esfuerzos, podremos conseguir de verdad aprovechar el tiempo.

01

APRENDIENDO A MEDIR EL TIEMPO

Dicen los expertos que un reloj sólo debe ser la referencia del tiempo que nos queda y no del que ha pasado. De esta forma, podemos vivir pensando en lo que haremos, en lugar de tener que lamentarnos por lo que no hemos logrado todavía.

Son las actividades y la disposición que tenemos ante ellas las que nos suelen marcar los tiempos. Todos podemos hacer la prueba: no son iguales los cinco minutos que pasamos en el atasco de la carretera cuando llegamos tarde, que los cinco minutos de espera en la consulta del dentista. Es más, no se viven igual estos cinco minutos cuando uno es el paciente que cuando se es un simple acompañante. Viendo las cosas en positivo, no transcurrirán de igual forma los minutos vividos ante una buena película que ante una que nos resulta aburrida. En todas esas situaciones, el tiempo, el que marca el reloj, es el mismo y, sin embargo, lo percibimos de manera totalmente diferente.

El tiempo es una paradoja, y la forma que tenemos de vivirlo o experimentarlo también. Por ello, debemos comenzar por darnos cuenta de que, a grandes rasgos, podemos decir que es factible clasificar el tiempo según estos parámetros:

Tiempo útil

Se caracteriza, como su nombre indica, por darnos resultados, ya sean a corto o medio plazo. Entendemos que en esta fase de tiempo todo nuestro esfuerzo y energía se verán recompensados de alguna manera. No debemos caer en el error de pensar que el tiempo útil es el destinado tan sólo a trabajar: útil será también el invertido en desarrollar tareas del hogar, como limpiar, ordenar o reparar cualquier cosa de la casa y, por supuesto, también cocinar.

Entenderemos que el tiempo útil es también aquel que invertimos en nuestra familia, ya sea mediante la atención de los padres, hijos o incluso la pareja.

▸ Cada día debemos disponer de un tiempo útil. Debemos ser conscientes de que algunas de las horas de nuestra vida tienen una utilidad real que debemos valorar gracias a los resultados obtenidos durante las mismas.

▸ Los fines de semana, e incluso los períodos de tiempo en que no trabajamos, deben estar caracterizados por el empleo de un tiempo útil.

Las actividades ejercidas en el tiempo útil no siempre están programadas con anterioridad, pero cuando se llevan a cabo, el usuario tiene la certeza de que el tiempo que ha invertido en ellas le ha dado un resultado.

Tiempo invertido o de transición

Es aquel que no nos da un resultado de forma directa o a corto plazo. Por ejemplo, aunque preparar la lista de la compra es un tiempo útil (ya que luego sabremos mejor qué tenemos que comprar), no deja de pertenecer a la modalidad de invertido, ya que la lista de la compra no tiene sentido por sí sola si luego no efectuamos las adquisiciones que oportunamente hemos programado y detallado por escrito.

Dentro de esta categoría debemos incluir también aquellas fracciones de tiempo que destinamos a desplazamientos, por ejemplo cada vez que vamos o venimos del trabajo, que acompañamos a los hijos a la escuela o que estamos esperando en la consulta de un médico.

Es importante ser consciente de la existencia de estas fracciones de tiempo, y no verlas como una pérdida de tiempo, sino como un paso necesario para realizar otras acciones. Eso sí, como un paso que podemos aprovechar, como iremos viendo, para hacer otras cosas.

▸ Debemos aprovechar al máximo las fracciones de tiempo de transición para hacer otras cosas que lo rentabilicen, de esta forma no tendremos la sensación de estar perdiendo el tiempo con una actividad que no nos reporta nada.

▸ Un tiempo invertido se convierte en útil cuando lo rentabilizamos efectuando otra actividad; por ejemplo, mientras viajamos en transporte público invertimos el tiempo que dura el desplazamiento en preparar unos informes o revisar unas estrategias de venta.

▸ Podemos convertir el tiempo invertido en ocioso si, por ejemplo, al esperar en la consulta de un médico dedicamos ese tiempo a leer nuestro libro favorito o a escuchar el último disco que nos hemos comprado.

Tiempo ocioso

Cuando no está bien organizado puede suponer un problema, ya que suele ser apreciado como una pérdida de tiempo. En general, el tiempo ocioso es aquel en el que no nos dedicamos a hacer nada en concreto. Dado que no hay una actividad que centre nuestra atención o que nos dé un resultado determinado, entendemos que nuestro tiempo se escapa o incluso se pierde.

Por lo general, cuando el tiempo de ocio no ha estado organizado de forma adecuada, no se tiene la sensación de pérdida de tiempo hasta que han pasado unos minutos u horas. Cuando ello ocurre, la persona se siente mal, se angustia e incluso puede tener sentimientos de repulsión hacia sí misma por no «sentirse capaz de hacer algo útil».

Debemos tener mucho cuidado con el uso de los tiempos de ocio. De entrada debemos saber que cuando son conscientes dejan de ser perjudiciales. Dicho de otra manera, si por ejemplo disponemos de una hora y decidimos salir a la calle para sentarnos en un banco y simplemente ver pasar la vida, estamos disfrutando de un tiempo de ocio. Dado que realizamos una actividad que hemos escogido libremente, no tendremos la sensación de haber perdido el tiempo una hora después.

En cambio, cuando nos sentamos frente al televisor, estamos aburridos y nos dedicamos a hacer zapping con el mando sin más, diremos que estamos perdiendo el tiempo. Seguramente, tras pasar una hora buscando algo que nos interese y no haberlo hallado, pensaremos que hemos perdido el tiempo.

El tiempo de ocio adecuado debería ser aquel que, partiendo de la base que tenemos libre, destinamos a realizar actividades que nos resultan interesantes, gratificantes o placenteras. Podemos dormir, leer, pasear, escuchar música, ver televisión, hacer deporte, conversar o navegar por Internet. Las actividades son infinitas, siempre y cuando al hacerlas no estemos dejando pendientes cosas más importantes.

No es cierto que vivamos en la sociedad del ocio, vivimos en un tipo de sociedad que permite más ocio y más entretenimiento, siempre y cuando sepamos que éste no pasa sólo por estar todo el día enganchados a una videoconsola de juegos, a Internet o a la televisión. Nuestro sistema de vida nos debería permitir más ocio; pero para poderlo disfrutar como realmente nos merecemos, debemos antes haber cumplido nuestras obligaciones en las otras fracciones de tiempo pendientes.

▸ Los tiempos de ocio pueden y deben ser tiempos de esparcimiento, destinados a pasarlo bien, dejando a un lado las obligaciones, pero deben estar compensados con el empleo de otros tiempos de tipo práctico.

▸ Entendemos que los períodos de descanso que interfieren las actividades deben ser de ocio, pero que tienen que ser más cortos que los de tiempo útil. Por ejemplo, cada cincuenta minutos de estudio debemos destinar diez al descanso, al ocio o la distracción. Esto mismo debería ocurrir cuando trabajamos, aunque ello no siempre es posible.

▸ Los tiempos de ocio siempre deben ser percibidos como un regalo o recompensa a otro tipo de acciones, como por ejemplo a los tiempos que son realmente útiles. Si, por caso, tras ocho horas de trabajo disponemos de una hora de tiempo de ocio, debemos vivirla intensamente y con conciencia. No importa que nos la pasemos en el sofá sin hacer nada, siempre y cuando seamos totalmente conscientes de que estamos disfrutando de una hora sin hacer nada.

Tiempo libre

Aunque es una forma diferente de llamar al tiempo de ocio o a aquellas fracciones de tiempo en las que no tenemos obligación u ocupación alguna, no es lo mismo. Por ejemplo, si tenemos cinco minutos libres o de descanso en el trabajo no son exactamente minutos de ocio sino para descansar; por tanto, tienen una utilidad.

El tiempo libre no tiene en principio una utilidad determinada. Es evidente que durante sus fracciones de minutos u horas acabaremos por hacer algo, pero el concepto tiempo libre en realidad no es un espacio de tiempo sino un concepto de programación. De esta forma, cuando la persona toma conciencia de que dispone de tiempo libre, debe determinar en qué ha de ocuparlo;eso sería una forma de aprovechar el tiempo.

Cuando no se determina en qué lo vamos a ocupar, el tiempo libre se convierte en tiempo perdido.

▸ El tiempo libre es un abanico de posibilidades que debemos aprovechar, porque nos permite tomar conciencia de las muchas cosas que podemos hacer.

▸ Una buena forma de organizar nuestra vida y de sacarle provecho a las cosas pasa por calcular los tiempos libres que tenemos al cabo del día y decidir qué podemos hacer con ellos.

Tiempo perdido

Los expertos aseguran que es una de las grandes lacras de la sociedad moderna. Debemos distinguir entre el tiempo perdido de forma involuntaria y el que perdemos porque queremos. Entendemos que hay una pérdida involuntaria cuando alguien nos hace perder el tiempo, ya sea con su llamada telefónica inoportuna, con una visita inesperada, etc. En cambio, el tiempo que perdemos porque queremos es aquel que no hemos sabido ocupar; por tanto, lo desaprovechamos de forma involuntaria.

Hay muchas actividades que entendemos que son una pérdida de tiempo cuando en realidad no es así. Por ejemplo, las colas. No es perder el tiempo hacer cola en el supermercado, en la caja de unos grandes almacenes o en la visita de un médico: debemos entender que es un tiempo invertido porque nos llevará a un resultado. Ya hemos visto que estos tiempos pueden recompensarse y que, en realidad, son tiempos de transición.

Hay que hacer una diferencia que, pese a parecer un juego de palabras, no lo es. No es lo mismo el «tiempo perdido» que «perder el tiempo». El primero puede que sea mal usado, mal invertido o perdido por causas ajenas a nosotros, como dormirnos cuando deberíamos estar levantados, perdernos en una ruta o viaje, pasarnos más minutos de lo necesario buscando una documentación que necesitamos y que no sabemos dónde la guardamos, etc.

Esos casos pueden resolverse, y se deben a fallos que todos podemos cometer y que muchas veces no se producirían si fuéramos más organizados o previsores. Por ejemplo, seríamos capaces de solucionarlos poniendo otro despertador, consultando una guía de calles o mapas antes de acudir a una cita, disponiendo de archivadores y guardando las cosas donde deberían estar y en perfecto orden, etc.

Lo que de verdad es perder el tiempo es no invertirlo en nada, dejar que pase sin más, no tener una motivación, un anhelo o la capacidad de ponernos manos a la obra en cualquier actividad.

EFECTOS COLATERALES Y OTROS QUE NO LO SON TANTO

A lo largo de este apartado hemos insistido en la necesidad de clasificar los tiempos no por capricho, sino para que el lector se dé cuenta de que muchas veces usamos mal el tiempo, y que no hay tanto perdido como podemos pensar. Pero hay otro apartado que es todavía más relevante.

Estudios realizados sobre ejecutivos y profesionales liberales, con ocupaciones que ciertamente podrían ser muy dispersas e inductivas a la pérdida de tiempo, demostraron que poder entender la existencia de diferentes fracciones de tiempo o de formas de utilizarlo daba sensación de tranquilidad.

El tiempo es para usarlo y disfrutarlo, pero también nos puede hacer enfermar, especialmente cuando nos supera o cuando tenemos la sensación de que nos falta, o incluso cuando no sabemos en qué emplearlo. Entre otras sensaciones, una mala administración del tiempo o pérdida del mismo puede provocar alteraciones como éstas:

▸ Estrés y efectos de alteraciones físicas

Suelen aparecer cuando tenemos la sensación de que no tendremos tiempo suficiente para abordar nuestras obligaciones o quehaceres pendientes.

▸ Tensión e irascibilidad

Acontece cuando trabajamos contra reloj, y ello suele suceder porque estamos siendo presionados o porque no hemos sabido administrar el tiempo de forma adecuada.

▶ Desmotivación y apatía

Suelen aparecer cuando los tiempos de ocio se convierten en tiempos perdidos y se prolongan más allá de lo que sería deseable, es decir, durante días.

▶ Incomprensión y sentimiento de fracaso

Que puede generar hostilidad hacia nosotros o hacia los que nos rodean cuando tenemos la sensación de que hemos invertido un tiempo que no ha servido para nada o que el tiempo invertido en una acción determinada no se nos ha valorado tal como lo esperábamos.

Los efectos colaterales del mal uso del tiempo son muchos, y en ocasiones difieren según nuestra naturaleza o carácter. Por ejemplo, algunas personas aseguran que hacer una siesta o incluso dormir siete u ocho horas con regularidad es una pérdida de tiempo. En cambio, otros, sin esa breve siesta de veinte minutos o sin las siete horas de sueño no rinden y se sienten desorientados.

De la misma forma, una persona que sea hiperactiva deberá usar los tiempos en la realización de múltiples actividades, puesto que, de lo contrario, podría aburrirse e incluso tener la sensación de que está perdiendo el tiempo en cosas poco útiles. Al contrario, alguien pausado, metódico y que necesite centrarse en una sola cosa siempre pensará que el hiperactivo pretende abarcar mucho pero aprieta poco, y que en definitiva pierde mucho tiempo en sus divagaciones.

Ciertamente puede que los ejemplos anteriores sean válidos, pero la mejor forma, tanto para un hiperactivo como para un «metódico pasivo», es, en primer lugar, darse cuenta de cómo es y de cuál es su naturaleza, ya que de esta forma podrá adecuar sus actividades y el uso que hace del tiempo en su vida. De todas formas, debemos entender que hay algunas acciones que no son pérdidas de tiempo sino el uso adecuado del mismo. Veamos algunos ejemplos:

NO ES PERDER EL TIEMPO

▸ Programar una actividad que luego no ha podido llevarse a cabo por causas ajenas a nuestra voluntad.

▸ Efectuar proyectos laborales, de pareja o con la familia. Tener ideas y recrearnos en nuestros pensamientos.

▸ No hacer absolutamente nada cuando somos conscientes de nuestra inactividad.

▸ Llevar a cabo actividades de ocio o lúdicas cuando disponemos de tiempo para ello y su ejecución no va en detrimento de obligaciones pendientes.

▸ Dormir, comer, realizar cualquier tipo de actividad fisiológica o derivada del cuidado de la imagen y la salud.

▸ Tener que esperar, hacer cola, desplazarnos o viajar, sea con el sentido y el fin que sea.

▸ Invertir tiempo en todo tipo de trámites, protocolos, actos burocráticos, visitas, etc.

▸ Hablar por teléfono, conversar o mantener una reunión cuando todo ello tiene una finalidad determinada, por muy aburrida que nos resulte.

SÍ ES PERDER EL TIEMPO

▸ Quedarnos dormidos, hacer zapping sin objetivos, mantener una conversación o encuentro que no nos interesa y, además, no hemos provocado.

‣ Efectuar aquellas cosas que son obligatorias o necesarias a disgusto o de mal humor, ya que nos harán perder tiempo y nos sentiremos mal.

‣ Entretenernos con cosas y actividades innecesarias sin disfrutar de ellas, aunque se estén llevando a cabo durante un tiempo de ocio.

‣ Permitir que los demás nos roben nuestro tiempo con asuntos que no nos interesan ni lo más mínimo, y que aguantamos por falta de valor para cortar la situación.

‣ No cumplir con nuestras obligaciones, ya que llegará un momento en que deberemos llevarlas a cabo y nos ocupará un tiempo que podría ser de ocio. Recordemos que las demoras de aquellos compromisos pendientes de resolver generarán problemas.

‣ No ser capaces de organizar el día y, al levantarnos, dejar que las horas pasen sin más.

‣ Acudir a una reunión, entrevista o encuentro formal sin haber previsto el desarrollo de las circunstancias.

02

CARÁCTER Y APROVECHAMIENTO DEL TIEMPO

No todas las personas actuamos ante una situación de la misma forma. Cada una ve el problema, circunstancia o acción a la que se enfrenta desde una perspectiva diferente, y cada una se organiza para su resolución basándose en parámetros distintos. Si queremos lograr un buen aprovechamiento del tiempo, debemos desterrar de nuestra mente pensamientos negativos que nos anclen en situaciones erróneas de actuación.

Nadie es absolutamente desorganizado, ni ocioso, ni tampoco activo. Cada persona posee un temperamento que debe conocer y regular, para así poder salir airoso de las situaciones a las que deba enfrentarse.

Una de las mejores formas de aprovechar el tiempo es saber en qué lo perdemos. De esta manera, si sabemos qué tipo de acciones nos dificultan la organización de nuestra vida, ése será el primer punto sobre el que trabajar.

A veces, un simple cambio de planes a última hora hace que nos desorientemos tanto que perdemos el resto del día.

En ocasiones, la distracción o la pérdida del tiempo proceden de un simple teléfono al que nos «enganchamos» sin saber cómo, alargando las conversaciones mucho más de lo que sería necesario. Esto mismo sucede en reuniones de trabajo mal organizadas, al navegar por Internet o cuando no vemos la televisión con un cierto criterio organizativo.

JUGANDO A SABER

¿En qué perdemos el tiempo? ¿Qué nos afecta más que ninguna otra cosa? A grandes rasgos, podemos decir que las situaciones no esperadas nos pueden afectar desde tres puntos de vista, que son los que detallamos seguidamente y que nos servirán como punto de evaluación para poder determinar qué tipo de cosas pueden interferir tanto en nuestra vida, que acaben por desorientar nuestra cotidianidad. Éstos son los grados de afectación:

1. Nos afectan ligeramente

Cuando se producen les dedicamos un tiempo. Dejamos de lado lo que estábamos haciendo o teníamos pendiente de realizar, y al rato reemprendemos las acciones.

2. Nos afectan de forma notable

Ocupan buena parte de nuestro tiempo. Provocan dispersión, falta de concentración, y nos pueden afectar incluso de forma emocional. Nos desorientan o nos producen incapacidad, por períodos bastante largos de tiempo, para llevar a cabo nuestros planes.

3. Nos afectan mucho y logran desbaratarnos

Son capaces de producir un verdadero cisma en nuestra vida, que puede incluso durar uno o más días. Al margen de incluir aspectos como los resaltados en puntos anteriores, notamos que aquello que hacemos tiene poco sentido, no nos motiva y, cuando debemos hacerlo, tenemos dejadez. No encontramos la forma de aprovechar el tiempo y percibimos que, por culpa de esas actitudes, las horas o los días pasan muy rápido.

Situaciones supuestas

Como es lógico, entenderá el lector que no podemos pormenorizar hasta el punto que logremos recrear un caso a medida; de todas formas detallamos seguidamente una lista de supuestos. Se trata de reflexionar sobre ellos y anotar a su lado un 1, 2 o 3, según sea el grado de afectación que nos provoquen.

▸ Situaciones de tensión dentro del ámbito de los conocidos, familiares y allegados que pueden producir o no discusiones y diferentes tipos de enfrentamientos.

▸ Discusiones fuertes con la pareja, hijos o personas con las que convivimos. Pelea o discusión con la pareja, los hijos o alguien que es de nuestra confianza y que nos merece un respeto.

▸ Problemas derivados del ámbito familiar como, por ejemplo, enfermedades de un ser querido, adversidades de los hijos, dificultades en el estudio, conflictos en el trabajo de nuestra pareja, etc.

▸ La presencia en un accidente de tráfico de cierta gravedad, pero en el que no nos vemos implicados.

▸ Situaciones negativas dentro del ámbito laboral, como los problemas de los compañeros de trabajo o incluso las discusiones con ellos, con jefes o subordinados, etc.

▸ Ser protagonista visual de un hecho desagradable y de cierta gravedad, como un accidente de tráfico, un acto de violencia callejera, etc.

▸ Perder un transporte público o vernos inmersos en un atasco, como consecuencia del cual llegaremos tarde a una cita, ya sea laboral o lúdica.

▸ Recepción de llamadas o de visitas inesperadas a las que nos vemos obligados a atender, dejando aquello que estábamos haciendo y que se supone previamente habíamos programado u organizado convenientemente.

▸ Tener un encuentro fortuito con una persona por la calle que nos provoca invertir un tiempo que no habíamos previsto dedicarle a ella.

▸ La recepción, a través de cualquier medio de comunicación, de una serie de noticias impactantes, como guerras, desgracias, adversidades, etc.

▸ La comunicación de algún tipo de noticia agradable, como un ascenso, la invitación a un acto o aquella situación que nos haga especial ilusión.

▸ Un cambio de planes a última hora sobre una actividad que teníamos prevista y que no podremos llevar a cabo como esperábamos o según habíamos programado.

Tras leer los apartados anteriores y efectuar su puntuación, procederemos, en una hoja al margen, a escribir aquellas que nos afectan en grado máximo. Seguidamente anotaremos junto a ellas qué tipo de acciones emprendemos o hacemos cuando suceden.

A partir de este momento ya conocemos buena parte de los motivos que nos hacen perder y no aprovechar el tiempo, pero seguro que hay muchos más. Lo mejor será, ahora que ya hemos hecho la práctica, proceder a enumerarlos, aunque sea con un par de palabras de manera resumida.

Estas listas deben formar parte de nuestras estrategias de recuperación del tiempo perdido. Ello, junto con un estudio de nuestro carácter en lo que a la organización se refiere, nos servirá para aprovechar más el tiempo.

DESCUBRIENDO CÓMO SOMOS

Aunque hay quien, de una forma directa y sin tapujos, afirma que pierde el tiempo o que no sabe cómo organizárselo, otros se ven incapaces de un reconocimiento de ese tipo.

A tal efecto, proponemos un sencillo test que fue creado por el grupo de terapeutas del Centro Europeo de Estudios Humanísticos. Este test buscaba entender de qué forma la pérdida de tiempo o la incapacidad organizativa de una persona podían provocarle desde el padecimiento de estrés hasta una carencia o afectación psíquica a nivel emocional.

Para llevar a cabo el test se trata de responder Sí o No a las cuestiones planteadas, y después efectuar la valoración según la lista de resultados indicada más adelante.

Más allá de lo que pensemos de nuestro carácter y del reconocimiento que tengamos sobre el mismo, estas preguntas nos ayudarán a entender mejor qué nos pasa.

1. Soy una persona aparentemente ordenada, con capacidad para estructurar adecuadamente el uso de los tiempos en mi cotidianidad. SÍ/NO.

2. Tengo capacidad para planificar con anticipación todo tipo de actividades y efectuar un seguimiento de mis pasos durante días o semanas. SÍ/NO.

3. Tengo ideas, deseos y metas, pero no tomo nota de ellos, ni sé cómo ejecutar estos aspectos. SÍ/NO.

4. Cuando anoto las cuestiones que debo ejecutar, paso largo tiempo pensando en cómo las realizaré. SÍ/NO.

5. Cuando me encuentro frente a varias opciones de actuación o trabajo no sé qué debo hacer en primer lugar. Me cuesta priorizar. SÍ/NO.

6. Al cabo del día, por norma general, tengo muchas cosas que hacer y me da la impresión que todo es igual de importante y prioritario. SÍ/NO.

7. El teléfono puede llegar a ser una puerta de distracción. Muchas veces no sé cortar las conversaciones a tiempo y me despisto en la charla. SÍ/NO.

8. Cuando planifico mi tiempo no soy objetivo y me dejo llevar por mis apetencias o intereses sin contar con las prioridades reales. SÍ/NO.

9. Con cierta frecuencia percibo que mi vida es un trajín continuo y estresante. Creo que no tengo tiempo para todo lo que debo hacer. SÍ/NO.

10. Una llamada de teléfono o una visita imprevista pueden acabar con la organización de mi día a corto plazo. SÍ/NO.

11. Nunca tengo suficiente tiempo para realizar aquellas cosas que verdaderamente me apetecen. SÍ/NO.

12. Cuando me conecto a Internet para buscar datos, acabo navegando por cualquier sitio perdiendo el tiempo en temas que suelen ser triviales. SÍ/NO.

13. Me cuesta planificar mi ocio porque no tengo claro qué actividades puedo realizar, y a veces no sé definir las que me apetecen de verdad. SÍ/NO.

14. Cuando tengo que hacer más de una cosa a la vez, aunque sea mentalmente, me disperso. SÍ/NO.

15. Rompo con cierta frecuencia los ritmos previstos de trabajo, parando para hacer otras cosas o simplemente para no hacer nada. SÍ/NO.

RESULTADOS

1 a 3 SÍ:
Es una persona que se adapta bastante bien a los tiempos que establece o tiene para llevar a cabo sus acciones. Tiene capacidad para organizarse y seguir las metas sin dispersarse.

4 a 6 SÍ:
Se trata de una persona con una cierta predisposición para perder el tiempo o distraerse. Sería conveniente marcarse menos pautas o metas los días de cansancio o apatía y establecer pocos (pero efectivos) compromisos los días de mayor rendimiento.

7 a 10 SÍ:
El sujeto debería organizar a conciencia la estructuración de sus tiempos.

Lo más aconsejable es llevar a cabo una serie de listas que determinen qué hacer en todo momento, ya que con esta puntuación se denota que hay una clara tendencia a perder el tiempo y a no saber recuperarlo ni siquiera efectuando grandes esfuerzos de última hora.

11 o más SÍ:

Se trata de sujetos muy dispersos, con una gran tendencia a pensar en varias cosas a la vez sin tener la capacidad de concentrarse claramente en alguna de ellas. Deben actuar con micrometas, estableciendo muy pocas al día.

Su capacidad de distracción y de pérdida de tiempo puede incluso afectar a otras personas.

ASÍ SOMOS, ASÍ ACTUAMOS

Disfrutar de nuestro tiempo libre o poder cumplir con todos los objetivos marcados no siempre es cuestión de tiempo, sino de saber administrarlo. Para eso es necesario crear un sistema que nos permita enfocar toda la atención en aquellos asuntos que son realmente necesarios, dejando en un segundo plano de relevancia los que realmente no merecen toda nuestra atención.

Como siempre, parece que la teoría la conocemos todos; sin embargo, no siempre sabemos ponerla en práctica. El motivo suele deberse al carácter que tenemos, ya que nos influye de forma espectacular a la hora de administrar nuestros tiempos.

NOTA

No es conveniente llevar a cabo este test si estamos nerviosos, padecemos angustia o estamos sometidos a una gran presión del tipo que sea.

En caso de que se cumplan algunas de las condiciones mencionadas, deberemos dejar la realización del test para otro día.

Un interesante estudio respecto de la naturaleza de actuación humana y de la administración de los tiempos sostiene que, en realidad, todos los grupos de actuación nacen o se basan en dos que son primigenios: el arquetipo del cazador y el arquetipo del agricultor.

Se cree que el arquetipo del cazador es el más antiguo dentro de la naturaleza del ser humano. El cazador puede realizar una estrategia, pero debe improvisar a cada paso, lo que le permite vivir experiencias nuevas a cada momento. Por su parte, el arquetipo del agricultor se basa en el análisis y el estudio, en la programación. El agricultor debe seguir una metodología adecuada y reiterativa si pretende obtener un buen resultado que será su cosecha.

Estas dos naturalezas pueden extrapolarse de cara a la organización del tiempo y su aprovechamiento. Así, según cuál sea nuestra naturaleza básica, actuaremos mayoritariamente de una u otra forma. Los expertos aseguran que nadie es absolutamente agricultor o cazador, y que lo correcto es ser un equilibrio de ambos.

Veamos los puntos más relevantes de ambas naturalezas, ya que nos servirán para poder ajustar adecuadamente nuestros métodos y procedimientos.

El cazador

▸ No necesita horarios. Puede actuar y funcionar en cualquier momento del día, porque está acostumbrado a no seguir normas fijas. Podrá aprovechar el tiempo siempre que tenga una buena motivación.

▸ Es muy adaptable a la adversidad. Si aquello que estaba programado no se lleva a cabo, estará en condiciones de sustituirlo por otra actividad que le resulte productiva o interesante.

▸ Acostumbra a padecer menos problemas de carácter emocional relativos a la organización de las cosas, ya que no requiere excesiva programación para llevar a cabo sus actos.

▸ Tiene una gran capacidad para aprovechar los tiempos muertos, infundiéndoles actividad.

▸ Se caracteriza por parámetros de creatividad, imaginación, sentido de la práctica, energía e intuición.

Las desventajas del arquetipo del cazador son básicamente dos: la fuerte inclinación hacia el aburrimiento y la carencia de una notable fuerza de voluntad. Las personas que están marcadas por la naturaleza del cazador suelen aburrirse con facilidad si la actividad que están practicando no tiene una gran variedad de estímulos. Al tiempo, suelen tener ciertas dificultades para mantener un calendario. Dicho de otro modo, su capacidad organizativa suele ser nula, al menos desde un punto de vista de organización a medio y largo plazo. Actúan en el momento, pero les cuesta organizar cómo deberían hacerlo a unos días vista.

El agricultor

▸ Es metódico y organizado por naturaleza, porque precisa de un calendario, agenda o pautado que le recuerde lo que debe hacer en todo momento.

▸ Aunque puede poseer una cierta capacidad de improvisación, raramente sabrá cómo utilizarla de forma adecuada. Sus actividades deben seguir un protocolo y cuando éste se rompe suele sentirse desorientado.

▸ Es más sensible que el cazador a nivel emocional, especialmente cuando se produce una alteración de calendario o adversidad organizativa.

▸ Su uso del tiempo suele ser más racional. Su gran capacidad de concentración y la tenacidad habitual que impone a sus actividades, aunque se trate de recorrer un largo camino, le permiten salir airoso de las metas propuestas.

Desde un punto de vista negativo, la persona que está dominada por este tipo de arquetipo tiene la necesidad de aprovechar el tiempo cuando sabe qué hacer, pero corre el riesgo de no realizar actividad alguna y de perder soberanamente el tiempo cuando algo falla en su programación.

03

ORGANIZANDO UNA JORNADA CUALQUIERA

Cuando empieza un día cualquiera, se presentan ante nosotros una serie de tareas, algunas habituales, que realizamos mecánicamente, y otras atípicas o poco frecuentes. Afrontarlas con éxito y sin que supongan una pérdida de tiempo es un reto importante.

Por ello, lo primero que hay que hacer es priorizar, es decir, establecer un orden a partir de la importancia de las cosas que debemos hacer teniendo en cuenta condicionantes como los horarios, las urgencias y la sencillez o complicación de su resolución. En definitiva, establecer preferencias de acción a corto, medio y largo plazo.

TIPOS DE PRIORIDADES

‣ **PRIORIDADES A CORTO PLAZO:** Requieren una actuación en cuestión de horas o días próximos. Ejemplo: pagar un recibo que está a punto de vencer.

▸ **PRIORIDADES A MEDIO PLAZO:** El tiempo que transcurre para actuar son semanas. Ejemplo: concertar hora para la revisión periódica del automóvil.

▸ **PRIORIDADES A LARGO PLAZO:** Son aquellas que se ejecutan a meses vista. Ejemplo: programar las vacaciones.

Pero no todo es siempre tan sencillo como los ejemplos que hemos facilitado. En ocasiones nos encontramos ante el problema de tener una jornada en la que se amontonan las gestiones y resulta difícil determinar la importancia de unas sobre otras. En este caso es importante plantearse las siguientes preguntas:

1. ¿Qué es lo más importante?

2. Si se diese el caso de solamente poder realizar una de las gestiones, ¿cuál escogeríamos?

3. Valorar pros y contras del orden de prioridades establecido: ¿Tenemos tiempo material? ¿Qué pasaría si dejásemos una acción pendiente de hacer?

La respuesta a estos tres interrogantes será muy útil para propiciar la decisión acertada a la hora de actuar. Pero una vez hayamos tomado una decisión sobre qué es lo más importante que debemos acometer, tendremos que pasar a la acción, y para ello nada mejor que fijarse un objetivo.

A menudo, muchas personas cesan en el empeño de sus actuaciones debido a que sus pretensiones son demasiado exigentes. Por este motivo es aconsejable dividir una gran acción en pequeñas metas, también denominadas micrometas, atendiendo al refrán que reza que «quien mucho abarca, poco aprieta».

LAS MICROMETAS

Plantearse micrometas es una técnica muy empleada en el mundo laboral y que, sin embargo, también puede utilizarse en las decisiones del día a día. Aplicarla es muy fácil. Tan sólo hay que calibrar lo que debemos hacer, calcular las horas que nos va a ocupar y dividir este tiempo en periodos breves razonables.

Pongamos por ejemplo que deseamos preparar un examen final, que comprende un temario de doce lecciones, veinticinco días antes de su convocatoria. En este caso, una buena técnica de micrometas se traduciría en la siguiente planificación:

Día 1: Estudiar lección 1.
Día 2: Estudiar lección 2.
Día 3: Estudiar lección 3.
Día 4: Estudiar lección 4.
Día 5: Repaso general de las lecciones 1 y 2.
Día 6: Repaso general de las lecciones 3 y 4.
Día 7: Descanso.
Día 8: Estudiar lección 5
Día 9: Estudiar lección 6.
Día 10: Estudiar lección 7.
Día 11: Estudiar lección 8.
Día 12: Repaso general lecciones 5 y 6.
Día 13: Repaso general lecciones 7 y 8.
Día 14: Descanso.
Día 15: Estudiar lección 9.
Día 16: Estudiar lección 10.
Día 17: Estudiar lección 11.
Día 18: Estudiar lección 12.
Día 19: Repaso general lecciones 9 y 10.
Día 20: Repaso general lecciones 11 y 12.

Día 21: Descanso.

Día 22: Lectura de las seis primeras lecciones.

Día 23: Lectura de las seis últimas lecciones.

Día 24: Descanso.

Día 25: Realizar el examen.

En definitiva, una sencilla planificación basada en micrometas facilita la materialización de grandes objetivos y evita las consiguientes pérdidas de tiempo de quien trabaja sin sistema ni método alguno.

APROVECHAR EL DÍA

Empezaremos por generar una división virtual del día distribuyéndolo en cuatro fases como las que detallamos seguidamente:

1. LA MAÑANA

Lo primero que tenemos que hacer por la mañana es repasar todas las tareas pendientes para el día, establecer las respectivas prioridades en función de su urgencia y repartirlas entre la mañana, el mediodía, la tarde y la noche.

Hay quien recomienda redactar una ficha del día durante la noche anterior y repasarla al levantarnos. Optemos o no por esta posibilidad, es muy importante emplear siempre una agenda o anotar nuestras citas y gestiones en un calendario, porque ello nos proporciona antelación y previsión.

De este modo, tan sólo cabe acudir a lo escrito por la mañana para actualizarlo y añadir actividades que hayan surgido en las últimas horas. Una agenda de las denominadas de «semana vista», con todas las jornadas pautadas con su respectiva hora, nos permitirá optimizar el tiempo en gran medida y nos permitirá empezar la jornada con buen pie.

2. EL MEDIODÍA

Consideremos como mediodía el espacio que comprende el tiempo que precede al almuerzo, el propio almuerzo y el espacio que nos quede libre tras éste antes de incorporarnos a nuestras respectivas obligaciones. Este periodo de tiempo, aunque parezca mentira, da mucho de sí y es altamente aprovechable.

Hoy en día cada vez son menos las personas que regresan a su domicilio para almorzar y optan por hacerlo en algún restaurante próximo a su centro de trabajo. Esta costumbre provoca que se produzcan espacios de tiempo, denominados tiempos muertos, que pueden resultar muy provechosos para realizar diferentes actividades.

Para que nos cunda el tiempo del mediodía, y cuando sea posible, deberíamos intentar tener siempre una mesa reservada, a una hora determinada, en el local en el que almorzamos habitualmente. Si ello no fuese factible, también podemos optar por acudir a éste durante aquellos intervalos de tiempo en que sea menos frecuentado.

Tras la comida, que no tiene por qué ser precipitada ni atropellada, tendremos tiempo para realizar diversas acciones que no precisan una extensa inversión de tiempo: leer unos capítulos de un libro, repasar la prensa, estudiar algún curso o realizar compras en establecimientos que no cierren al mediodía. Este tipo de centros es cada día más numeroso, porque el comercio tiende a adaptarse paulatinamente a los nuevos modos de vida de los ciudadanos.

Hay que tener en cuenta que aprovechar el mediodía significa ganar tiempo libre tras la jornada laboral y poder dedicar nuestra atención a otros menesteres.

3. LA TARDE

Este periodo del día empieza tras la jornada laboral y finaliza cuando llegamos a nuestro domicilio para cenar. Se trata, pues, de un espacio de tiempo nada despreciable que puede emplearse en acudir al cine, al teatro, a una conferencia, visitar un museo, estudiar, cuidar nuestra forma física y mantener relaciones sociales.

4. LA NOCHE

Aprovechar la noche no tiene por qué significar salir de casa o trasnochar de forma indiscriminada.

Con un poco de planificación podemos sacar un gran partido a aquellas horas que, tras la cena y antes de acostarnos, nos sirven a modo de descompresión de las cargas emocionales del día, y también para cargar las pilas de cara a la siguiente jornada.

Aunque mirar la televisión es la opción más recurrente elegida por la mayoría, ya que nos otorga distracción, descanso y reposo a la vez, a tenor de la calidad de la programación que ofrecen algunas cadenas, existen otras alternativas mucho más participativas y gratificantes.

Una de ellas es la lectura. Un libro, ya sea propio o prestado por alguna biblioteca, puede ser un buen colofón para terminar el día. También existe el recurso de disfrutar desde casa con una buena película.

Pero estas horas de la noche también pueden ser empleadas para establecer relaciones sociales. Convocar a los amigos a una cena en nuestro domicilio para charlar y cultivar la amistad es una de las mejores inversiones que podemos realizar.

APROVECHAR EL TIEMPO INFORMÁNDONOS

Hoy en día son abundantes los medios de comunicación. A los ya existentes se ha añadido una importante proliferación de fuentes electrónicas en Internet. Televisión, radio y prensa son oráculos de consulta obligada para movernos por la vida. Acceder á éstos sin perder el tiempo es una tarea obligada. Se trata, en otras palabras, de aprender a separar el grano de la paja.

LA TELEVISIÓN:

Antes de encender el televisor debemos preguntarnos qué es lo que queremos ver y a qué tipo de programación deseamos acceder. En otras palabras, aprovecharnos de la existencia de múltiples canales para elaborar nuestra propia programación basada en opciones como: información, reportajes, documentales, cultura, cine, programas de entretenimiento, de debate, información de proximidad en los medios locales, etc.

Aunque el «zapping» es una opción lúdica interesante, es más práctico rastrear la programación que se emite a través de una guía de programación. Desde estas páginas recomendamos las de la prensa por ser las más actualizadas.

LA RADIO:

Es el medio de comunicación más inmediato y más compatible con todo tipo de actividades. Por este motivo sigue siendo la fuente de información preferida por la casi totalidad de la población. Los boletines horarios y las emisoras que dedican las veinticuatro horas del día a ofrecer noticias resultan de gran utilidad.

Desde primera hora de la mañana, y hasta que nos acostamos, podemos acceder a la radio mientras realizamos cualquier tipo de actividad: en los desplazamientos, en el trabajo, mientras hacemos gestiones o en el propio hogar.

LA PRENSA:
La lectura de un periódico puede hacerse de diferentes maneras. La más habitual se realiza siguiendo la siguiente técnica:

1. Repaso rápido de los titulares.

2. Selección de las noticias de mayor interés para nosotros.

3. Lectura de dichas noticias.

4. Repaso a los artículos de opinión y selección de éstos.

5. Lectura de dichos artículos.

6. Finalmente, concluir la lectura con los reportajes monográficos redactados con profundidad.

7. Una vez concluida la lectura, tener a mano el periódico para consultar, si procede, la información de servicios (cartelera del cine, programación de televisión, farmacias de guardia, teléfonos de interés...).

¿POR QUÉ PERDEMOS TIEMPO EN LOS DESPLAZAMIENTOS?

Un día cualquiera nos obliga a desplazarnos para ejecutar diferentes gestiones. Se trata de una acción en la que, desgraciadamente, perdemos mucho tiempo, en ocasiones por falta de la oportuna planificación.

Gestiones particulares como acompañar a los niños al colegio, realizar operaciones bancarias o contratar algún tipo de servicio para el hogar nos obligan a hacer kilómetros en servicios públicos o en transporte particular haciendo colas por el colapso del tráfico.

Para evitar aprovechar este tiempo hay que intentar realizar, siempre que sea posible, el máximo de trámites a través del teléfono o de Internet, porque, de este modo, evitaremos movernos del sitio en el que nos encontremos.

También es muy importante evitar desplazamientos gratuitos. Para ello hay que asegurarse de lo siguiente:

1. Que la hora concertada para nuestras citas se respete escrupulosamente. Esto, a menudo, no está en nuestra mano sino en la de nuestros interlocutores, pero hay que ser firme ante los compromisos que adquieran.

2. Aprender a decir «NO» a aquellas actividades que sepamos, de antemano, que nos van a consumir de manera estéril nuestro preciado tiempo.

3. Delegar en nuestras personas de confianza y no querer hacerlo todo nosotros mismos. La confianza en quienes nos rodean es un buen instrumento para ganar tiempo.

4. Cuando el desplazamiento sea inevitable, aprovechar para realizar más de una gestión.

5. Ser expeditivos en la toma de todo tipo de decisiones pero sin caer en la arbitrariedad.

6. Anticiparnos con serenidad a los problemas que sepamos que se pueden producir.

7. Organizarnos con antelación.

8. Priorizar ordenadamente, tal como hemos anotado al principio de este capítulo.

9. Antes de salir de casa, consultar la guía de la ciudad o el callejero para decidir las mejores rutas y sus correspondientes alternativas en caso de atasco.

10. Desplazarnos, siempre que sea posible, en transporte público, mejor si es subterráneo.

APROVECHAR EL TIEMPO
EN LAS GESTIONES HABITUALES

Una vez superadas las trabas de nuestros desplazamientos, cuando hayamos llegado a nuestro destino es esencial ganar tiempo en las gestiones que nos ocupan.

A continuación se facilita una serie de consejos para superar con éxito las más habituales:

PAGO DE FACTURAS:

¿A quién no le ha vencido un recibo doméstico o del seguro del automóvil? Se trata de situaciones altamente peligrosas, ya que pueden no sólo dejarnos sin un servicio de primera necesidad, como el agua, el gas o la electricidad, sino que a causa de un despiste podemos quedar desprotegidos jurídicamente.

Para evitar que esta desagradable situación ocurra es esencial, siempre que sea posible, domiciliar a través del banco todos los pagos y que nuestra cuenta corriente tenga una suficiente provisión de fondos para afrontar las cargas correspondientes.

Por otro lado, existe una serie de pagos que van más allá de un mero recibo, porque comportan una cierta complejidad, como las gestiones de los trabajadores en régimen de autónomo. En estos casos, resulta apropiado recurrir a los servicios de un gestor profesional y depositar, bajo su responsabilidad, el pago o aviso de pago de los compromisos adquiridos.

Si nos resulta imposible delegar en una gestoría nuestras obligaciones y no nos queda otro remedio que organizarnos nosotros mismos, convendrá ser muy ordenados y escrupulosos en la programación de las facturas. Un archivador, que permita ordenar nuestros papeles y facturas; una agenda, en la que podamos dejar constancia de las gestiones pendientes, y un ordenador personal, que nos permita centralizar la información de nuestras actividades, pueden resultar nuestros mejores aliados y hacernos más eficaces.

APROVECHAR EL TIEMPO EN LAS VISITAS MÉDICAS

Quien más, quien menos, pasa por la consulta de un médico regularmente, ya sea por enfermedad o por una revisión periódica pertinente.

Este tipo de visitas requieren tiempo. Tiempo para los desplazamientos e, irreversiblemente, minutos e incluso horas consumidas en la sala de espera, y una consulta dilatada en el caso de que la comunicación entre el especialista y nosotros no sea lo suficientemente fluida.

¿Cómo sacar partido a este espacio? En primer lugar, y en caso de enfermedad, debemos presentarnos al médico con el máximo de información posible, porque ésta puede ser muy útil y puede agilizar el tiempo de la consulta.

Las preguntas más frecuentes que suelen formular los médicos son, entre otras, las siguientes:

1. ¿Cuándo se presentó el primer síntoma?
2. ¿Dónde se manifiesta?
3. ¿A qué hora aparece y cuánto dura?
4. ¿Otras sensaciones de malestar como fiebre, mareos...?

5. ¿Es la primera vez que se produce el malestar?

6. ¿Ha habido cambios en nuestros hábitos de alimentación, medicación o cotidianidad?

7. ¿Se ha detectado fehacientemente pérdida o aumento de peso recientemente?

8. ¿Cuándo visitamos al médico por última vez?

Al margen de estas cuestiones, debemos tener muy presente que siempre que visitemos por primera vez a un médico deberemos llevar con nosotros el máximo de datos de nuestros antecedentes médicos, ya que, con toda probabilidad, éste abrirá un archivo o dossier con nuestro historial.

Por este motivo conviene tener a mano y localizados en nuestro hogar diagnósticos, pruebas anteriores (radiografías, resultados de análisis de sangre u orina) y recetas de medicamentos administrados por prescripción facultativa.

También es aconsejable evitar acudir al médico con las manos vacías. En la mayoría de las ocasiones, el tiempo de espera antes de la visita está asegurado. Por ello, un buen libro, los apuntes de la materia que estemos estudiando, la prensa e incluso un ordenador portátil pueden convertir estos espacios muertos en periodos muy productivos.

Además, y siempre que seamos respetuosos con quienes nos rodean, podemos aprovechar las ventajas de la telefonía móvil para avanzar gestiones pendientes. Otra forma de entretenernos recurriendo al teléfono móvil será utilizar sus juegos o poner al dia la agenda.

APROVECHAR EL TIEMPO
EN LOS TRÁMITES CON LA ADMINISTRACIÓN

Enfrentarse a los trámites con la Administración pública puede ser una auténtica tragedia: largas colas, duplicidad de gestiones, papeleo interminable, gestiones interrumpidas... En definitiva, una inmensa pérdida de tiempo de la que no siempre nosotros somos los responsables.

Por este motivo, conviene afrontar este tipo de actividad con el máximo de resignación y anticiparnos a los problemas que puedan surgir.

SUPERAR LOS CONTRATIEMPOS

Por lo que hemos visto hasta el momento, por norma general a todos nos falta tiempo para asumir la totalidad de las tareas del día. En ocasiones, las gestiones se pueden amontonar y causar desconcierto. Pero en el peor de los casos pueden surgir contratiempos que dificulten aún más sus resoluciones.

En estas situaciones, cuando el día empieza con mal pie y todos los planes previstos se derrumban como un castillo de naipes, hay que actuar con serenidad y sentido común.

EL MÉTODO TURLA

Peter A. Turla, presidente del National Management Institute de los Estados Unidos, ideó, en su día, una serie de pautas sencillas con el fin de superar aquellos contratiempos que se presentan sin avisar y que pueden llegar a modificar toda una jornada. Se resume en los siguientes pasos:

1. Detener toda actividad y ordenar las ideas.
2. Alejarse de la actividad temporalmente.

3. Pensar qué tipo de actividades de la jornada vamos a ejecutar y cuáles vamos a aplazar.

4. Si alguna tarea es inaplazable, pedir ayuda y delegar en alguien de confianza para que nos ayude a llevarla a cabo sin por ello dejar de asumir la responsabilidad.

5. Establecer un orden de prioridades y dejar de lado aquello que resulte trivial.

6. En la medida de lo posible, elaborar planes alternativos.

7. Evitar querer resolverlo todo compulsivamente.

8. En caso de sentirnos superados por los problemas hemos de descansar durante periodos breves, pero regulares, de tiempo.

CONSEJOS A CONSIDERAR

▶ Tomar nota por escrito de las instrucciones que nos faciliten en las citaciones que recibamos.

▶ Localizar todos los documentos que nos soliciten.

▶ Ser puntuales y presentarnos un poco antes de la hora de nuestra citación si la hubiere.

▶ Desplazarnos en transporte público y, si lo hacemos en nuestro vehículo privado, estacionarlo en un lugar en el que lo podamos dejar un tiempo indeterminado. Hay que intentar evitar las zonas azules de estacionamiento, ya que, para poner al corriente el pago del parquímetro, tendremos que abandonar la cola.

▶ Asegurarnos de que estamos en el departamento o ventanilla acertada. En muchas ocasiones perdemos el tiempo haciendo colas inútiles.

▶ Llevar con nosotros todos los documentos que nos soliciten, con sus respectivas fotocopias.

En ocasiones es procedente llevar, además:

▶ Documento Nacional de Identidad y fotocopia. En caso de haberlo extraviado también nos puede servir el pasaporte o permiso de conducir.

▶ Fotografías tamaño carné, certificados de nacimiento, libro de familia, cartilla de la Seguridad Social.

04

APROVECHAR EL TIEMPO EN LAS JORNADAS DOMÉSTICAS

Las tareas domésticas son ineludibles. La limpieza del hogar o la compra habitual son actividades que requieren una inversión de tiempo, en ocasiones demasiado.

Sin embargo, éste se puede aprovechar si existe una estructuración correcta de las labores que hay que hacer y un diseño de cómo realizarlas para que el tiempo cunda y podamos destinar el que nos sobre a otro tipo de acciones.

LA ORGANIZACIÓN GENERAL

El funcionamiento correcto de una casa requiere tanto organización como participación de todos los habitantes del hogar. Por este motivo, y con el fin de conjuntar al máximo ambos elementos, es esencial elaborar un organigrama de tareas domésticas en el que cada uno haga lo que debe hacer y cuándo lo debe hacer.

El planning en cuestión debe construirse en función de las siguientes actividades domésticas:

COMPRAS BÁSICAS:

Este apartado debe incluir las adquisiciones diarias (pan, prensa) y alimentos que vamos a consumir durante los próximos días y que no puedan ser adquiridos semanal o mensualmente (verduras, frutas frescas, etc.).

COMPRAS PERIÓDICAS:

Suelen realizarse mensualmente y comprenden todos aquellos artículos no perecederos que podemos consumir en un amplio periodo de tiempo (productos de limpieza, material escolar, conservas, alimento para las mascotas...), así como prendas de vestir y calzar.

ACTUACIONES DIARIAS:

Comprenden aquellas acciones que se realizan cotidianamente y que conviene repartir entre los miembros de la casa. De éstas, podemos destacar:

- ▸ Cocinar.
- ▸ Previsión de los menús.
- ▸ Control del lavavajillas o lavado de la vajilla.
- ▸ Selección y reciclaje de los residuos domésticos.
- ▸ Ventilación de las estancias.
- ▸ Limpieza general del hogar.

ACCIONES PUNTUALES:

Son aquellas que no requieren un seguimiento diario, como por ejemplo:

▸ Responsabilizarse de la lectura de contadores del agua, gas y electricidad.

▸ Verificación y mantenimiento general de los aparatos e instalaciones del hogar.

▸ Actualizar el archivo de documentos y facturas. Este apartado, aunque pueda parecer sencillo, requiere una especial atención que detallamos a continuación.

DOCUMENTOS EN ORDEN

En un hogar cualquiera se recibe mensualmente una importante cantidad de documentación compuesta de recibos de las compañías que nos suministran servicios, pólizas de seguros, extractos de las cuentas bancarias, a los que hay que añadir, con la compra de los electrodomésticos, sus instrucciones y certificados de garantía. Nunca debemos deshacernos de la documentación

Algunos de estos documentos no nos serán útiles de inmediato. Sin embargo, conviene tenerlos a mano y en orden. De lo contrario, cuando nos resulten necesarios perderemos mucho tiempo en encontrarlos.

Para evitar este contratiempo, conviene clasificar los papeles del hogar siguiendo algunos criterios temáticos:

Servicios:
Contratos y recibos de las compañías de agua, electricidad, gas y teléfono, así como sus respectivos documentos y cláusulas de contratación.

Salud:
Se trata de una información básica que debe comprender teléfonos de urgencia, cartilla de la seguridad social y, en caso de tener

suscrita una póliza de salud, es importante tener localizado el carné y su respectivo contrato. En este apartado incluiremos el historial médico de los miembros de la familia, pruebas realizadas y recetas prescritas por el médico.

Hogar:
Este apartado debe incluir: recibos de alquiler y contrato, recibos del impuesto de bienes inmuebles, documentos hipotecarios, escrituras y pólizas de seguros del hogar.

Transportes:
Documentación de nuestro vehículo, facturas de reparaciones y pólizas del seguro del automóvil.

Electrodomésticos:
Conviene conservar agrupados todos los papeles relativos a la compra de electrodomésticos, o sea, facturas, manuales de instrucciones y certificados de garantía.

Documentos bancarios:
Contratos, certificados de fondos de inversión, extractos de movimientos, libretas de ahorro y chequeras.

Documentos fiscales:
Esta documentación es básica, ya que de ella dependen nuestras obligaciones anuales con Hacienda.

Debe comprender: declaraciones de la renta de años anteriores, justificantes de los pagos ya realizados o de devoluciones, resúmenes fiscales con información bancaria y laboral. Pero todas estas pautas, todo este orden, pueden resultar estériles y poco operativos si no realizamos una actualización continua de la documentación que vamos recibiendo. Conviene hacerlo, como mínimo, cada seis meses.

EL HOGAR EN ORDEN

Nuestro «sanctasanctórum» es un espacio complejo, repleto de objetos y documentos, que puede convertirse en un auténtico laberinto.

Se trata, pues, de otra potencial fuga de tiempo cuando en él no imperen unas mínimas condiciones de orden.

A continuación facilitamos una serie de orientaciones para mantener nuestra vivienda en orden, en la que todo esté al alcance de la mano.

LA COCINA

Este habitáculo es el centro neurálgico del hogar, la sala de máquinas. Por ello, es indispensable que esté montada sobre la base de un orden exhaustivo, ya que, de lo contrario, no podremos aprovechar el tiempo que dedicamos a preparar los alimentos de manera racional. Por este motivo, hay que dejarse llevar por el sentido común y organizar la cocina por sectores.

Sector cacharros:

Acumulación de las piezas de las ollas, cazos y sartenes y planchas, de manera que ocupen el mínimo espacio posible.

Sector pequeños electrodomésticos:

Teniendo en cuenta la asiduidad del uso, debemos agrupar aparatos como la tostadora, la licuadora, el cuchillo eléctrico o la plancha eléctrica.

Sector accesorios:
Lugar en el que depositaremos aquellos pequeños instrumentos que empleamos para cocinar, tales como sacacorchos, coladores, prensadores, ralladores, espumaderas o cucharones.

Sector cubiertos:
Incluye todo tipo de cuchillos, tijeras, piedras de afilado y cubiertos de uso diario.

Sector vajilla:
Espacio que debemos destinar a vasos, copas, jarras, platos, fuentes y tazas.

Sector mantelería:
Albergará, entre otros elementos, paños, manoplas, salvamanteles, manteles y servilletas.

Sector alimentos:
Se trata de agrupar, según diferentes criterios, los comestibles que constituyen nuestra alimentación. Esos criterios son: alimentos perecederos, conservas enlatadas, pastas, especias, aceites, frutas y verduras.

EL BAÑO
El cuarto de baño también debe ser operativo, ya que es una estancia que compartimos con otros miembros de la familia. Un buen orden puede evitar las molestas colas que nos hacen empezar el día con mal pie.

Lo esencial es evitar el caos y tener ordenados los cepillos de dientes, elixires bucales, maquinillas de afeitar, lociones, cremas hidratantes, colonias, perfumes, gel de baño, champú para el cabello y crema suavizante.

EL SALÓN

El salón de un hogar es una de las estancias en las que se convive más horas. Por este motivo suele albergar los objetos lúdicos y culturales que ocupan nuestros instantes de ocio: libros, música, vídeos y DVD. Y para disfrutar de ellos es imprescindible que todo esté perfectamente ordenado y clasificado; de lo contrario perderemos gran cantidad de tiempo buscando aquello que deseamos disfrutar.

1. Libros

La organización que se recomienda es la temática, y dentro de ésta un sub orden alfabético siguiendo el nombre de los autores de las obras. Los temas (o géneros) que suelen encontrarse en la mayoría de los hogares son: enciclopedias, ensayos, biografías, poesía y novela.

En cuanto a este último género, puede ser ordenado a su vez siguiendo las siguientes características: policial, ciencia-ficción, viajes, aventuras e histórica.

Sea cual sea el criterio, se trata de respetarlo y mantener los libros en orden para poder localizar nuestras obras inmediatamente. Y si somos de los que nos gusta manejar los volúmenes y disfrutamos del contacto con el papel impreso, podemos optar por crear ficheros para poder organizar, en forma de fichas, los datos referentes a cada uno de nuestros ejemplares. Éstas deberán incluir: autor, título, temática, año de publicación y de adquisición, y editorial.

2. Vídeos y DVD

Al igual que los libros, nuestras películas y demás material grabado en soporte de vídeo o DVD deben tener un lugar destinado a su almacenamiento ordenado.

No cabe duda de que la mejor opción, siempre que sea posible, sería poder destinar espacio en un armario a estos menesteres. Pero en ausencia de éste, lo importante es que estén centralizados en un punto y clasificados temáticamente.

En cuanto a los vídeos, es esencial que estén bien etiquetados, tanto la cinta interior como la caja, indicando nombre y el tiempo de duración.

Así mismo, en la zona que destinemos a los vídeos conviene tener un espacio reservado para las cintas vírgenes, así como otro lugar para colocar aquellas que consideremos que se pueden regrabar.

3. Discos y compactos

El criterio esencial para clasificar nuestra música ha de ser siguiendo el orden alfabético del nombre de los autores. Sin embargo, si somos auténticos musicólogos, además deberemos ordenarla por géneros y origen: música nacional, extranjera, clásica, ópera, zarzuela, bandas sonoras o recopilatorios.

4. Revistas y demás publicaciones

En todas las casas se compran revistas y periódicos. Algunas de estas publicaciones son de consumo rápido. Otras, en cambio, son coleccionables: monográficos, enciclopedias, etc. Estas últimas deben guardarse en la biblioteca, esperando su posterior encuadernación. Sin embargo, otras revistas y periódicos conviene guardarlos en un revistero, para poder localizarlos con el máximo de rapidez cuando sea necesaria su consulta.

LA LIMPIEZA ORGANIZADA Y EFECTIVA

La primera regla de oro para una limpieza rápida y eficaz es la de planificar. Dicha planificación debe atender, en la medida de lo posible, a los siguientes criterios:

1. Disponer de los elementos necesarios para poder hacer la limpieza (trapos, escobas, recogedores, detergentes, etc.).

2. Clarificar los pasos para efectuar una limpieza ordenada, y jerarquizar qué zonas vamos a limpiar en primer lugar. El orden convencional recomendable para poder ganar tiempo es el siguiente:

‣ Ventilar las habitaciones.

‣ Poner la ropa sucia en su cesto correspondiente.

‣ Barrer o aspirar todo el suelo del hogar, empezando por la habitación más lejana a la puerta de entrada.

‣ Limpiar el polvo en muebles y objetos de decoración.

‣ Limpiar baños, cocina y cristales.

‣ Fregar las estancias.

3. Escoger la fecha idónea para la limpieza. Resulta evidente que puede ser una importante pérdida de tiempo limpiar cristales o persianas ante el anuncio de la llegada inminente de una tormenta de lluvia. Para este tipo de menesteres y en especial para la limpieza del jardín consultaremos la previsión del tiempo.

LA COMPRA ORGANIZADA

Ir a comprar es para unos un placer; para otros, una tortura. Para todo el mundo es una actividad que responde a una realidad:

una mala previsión puede provocar una doble pérdida, de dinero y de tiempo.

Hay que adquirir los productos de manera organizada, es la mejor opción para que nuestro reloj y nuestro bolsillo salgan ganando. No hay nada más enojoso que llegar a casa con la compra y tener que volver a la tienda por culpa de un descuido inoportuno.

Consejos para comprar:

▸ Determinar la periodicidad con la que vamos a realizar la compra genérica.

▸ Siempre que sea posible, escoger aquellos horarios en los que los establecimientos están menos frecuentados. Así evitaremos las molestas colas.

▸ Redactar una lista que se ajuste a necesidades reales. Para ello solamente bastará con echar un vistazo a la despensa y al frigorífico, así no caeremos en la trampa de la compra compulsiva.

▸ Planificar a qué sitios iremos a comprar. Aunque la siguiente afirmación puede resultar impopular, es más rápido llenar el cesto en una gran superficie que en diferentes tiendas.

▸ Los supermercados y grandes superficies suelen ordenar los productos por pasillos de una forma muy similar entre sí. Merece la pena memorizar los recorridos para ganar tiempo.

▸ En horas punta resulta más rápido pagar en efectivo que con tarjeta de crédito, ya que las líneas telefónicas están más colapsadas. Conviene tenerlo presente y, antes de entrar en un comercio, pasar por el correspondiente cajero automático.

COCINANDO CON ORDEN

Al igual que la compra, cocinar puede resultar un placer o una condena. Y sea como sea, la única realidad es que es una actividad que requiere tiempo.

Aunque cada vez se imponen más los alimentos precocinados, es posible elaborar productos clásicos sin pasarnos la vida ante los fogones.

Lo esencial es tener claro qué es lo que vamos a preparar, ya sea porque nos apetece o porque nos condicionen los productos de que disponemos.

Una vez tengamos elaborado el menú, habrá que calcular el tiempo de que disponemos y cocinar preparando varios platos a la vez, siempre que sea posible. Un buen truco para conseguirlo consiste, por ejemplo, en preparar el primer plato en la encimera y el segundo en el horno.

05

SABER QUÉ HACER
ANTE URGENCIAS E IMPREVISTOS

Suele suceder que, cuando creemos que tenemos toda nuestra vida planificada y en orden, cuando menos nos lo esperamos se presenta una emergencia que desmonta nuestros esquemas. Y si, además, estos problemas nos pillan desorganizados, perderemos un valiosísimo tiempo en encontrar soluciones eficaces.

Por este motivo, conviene tener unas cuantas nociones de cómo prepararse antes de que aparezcan los imprevistos y los contratiempos. Este capítulo pretende que el lector se anticipe a la contrariedad, sea previsor, y esté preparado para afrontarla con la mayor celeridad.

TELÉFONOS DE EMERGENCIA

La agenda de teléfonos es imprescindible en nuestros hogares. Sin embargo, ésta puede resultar incompleta si sólo incluye los números de nuestros familiares, amigos y compañeros de trabajo. Es esencial añadirle otro tipo de teléfonos, aquellos que en una situación de emergencia nos pueden sacar de un serio apuro, y actuar con rapidez ante los contratiempos. Éstos son:

▸ Médico de cabecera y especialistas.

▸ Practicante.

▸ Abogado.

▸ Gestores administrativos.

▸ Bomberos.

▸ Policía.

▸ Médicos de urgencia.

▸ Farmacias abiertas 24 horas.

▸ Ambulancias.

▸ Información telefónica del ayuntamiento de nuestra ciudad.

▸ Mecánico del coche.

▸ Compañía de seguros.

▸ Entidades bancarias con las que operamos.

▸ Empresa encargada de las reparaciones del ascensor.

▸ Vecinos de confianza.

▸ Fontanero.

▸ Electricista.

▸ Servicio de averías de la compañía del gas.

▸ Empresas de reparación de electrodomésticos.

▸ Escuela de nuestros hijos.

DOCUMENTOS DE EMERGENCIA

Por otro lado, es muy importante tener siempre a mano una serie de documentos que nos pueden ser útiles ante una emergencia o imprevisto. Conviene llevar algunos de ellos siempre encima, y otros hay que tenerlos siempre localizados.

De entre los primeros destacamos: el Documento Nacional de Identidad, la tarjeta de la Seguridad Social, la documentación y el seguro del vehículo. Y es conveniente tener en casa fotocopias de todos ellos.

Así mismo, y como decíamos anteriormente, también es preceptivo tener a mano otra serie de papeles. Éstos son: las pólizas de los seguros médicos (con sus correspondientes recibos) y documentos bancarios.

EL BOTIQUÍN IMPRESCINDIBLE

Quién más, quién menos, todos estamos expuestos a sentirnos indispuestos a cualquier hora del día o a tener un pequeño accidente doméstico. Y ante estos contratiempos, nada produce mayor impotencia que el no disponer de un botiquín suficientemente equipado para este tipo de emergencias.

Además, en estas circunstancias, en las que podemos encontrarnos solos en casa, puede resultar un problema desplazarnos hasta la farmacia más próxima o de guardia para comprar aquellos sencillos productos que pueden solucionar nuestros problemas.

Y es que un equipo de primeros auxilios básico para el hogar no ha de ser sofisticado ni caro. Lo importante es el material que contenga, ya que una caja, una maleta o un cajón pueden cumplir esa función perfectamente.

Es muy importante que el botiquín se encuentre alejado del alcance de los niños, ya que la ingestión accidental de algunos medicamentos puede provocar un buen susto que puede terminar, en el peor de los casos, acudiendo al servicio de urgencias del hospital más próximo.

También hay que tener en cuenta que el botiquín necesita ser repuesto y revisado continuamente. De no hacerlo, nos podemos encontrar con que aquello que necesitamos se ha terminado o que algún medicamento ha caducado.

Y no hay que olvidarse de los botiquines portátiles, tan imprescindibles en nuestro vehículo cómo las lámparas de recambio, los triángulos de emergencia y los chalecos reflectantes de seguridad.

Algunos de los componentes imprescindibles de un botiquín familiar son:

▸ Un par de paquetes de curación individual.

▸ Pomadas antisépticas, analgésicos, antiinflamatorios.

▸ Tiritas, esparadrapo, vendajes.

▸ Pomadas para quemaduras.

▸ Agujas imperdibles, termómetro.

▸ Pinzas, tijeras, gasas esterilizadas, algodón.

▸ Líquido antiséptico, alcohol, agua oxigenada.

▸ Bicarbonato.

▸ Linterna.

INSTRUMENTOS DE PREVENCIÓN

Para estar preparados para una emergencia, no nos basta sólo con una agenda completa de teléfonos ni con un botiquín completo.

Estos elementos pueden resultar del todo inútiles si carecemos de determinados utensilios indispensables en todo hogar. Éstos son:

Extintor portátil:
Imprescindible para solucionar incidentes en la cocina, el garaje o la chimenea. Conviene que sea revisado periódicamente porque su contenido tiene fecha de caducidad.

Manguera de jardín:
Si vivimos en una casa unifamiliar o disponemos de una terraza en nuestro piso, la manguera nos puede salvar de más de un apuro en caso de emergencia, ya que su radio de alcance es superior al de los extintores.

Escalera:
Necesaria para acceder a la localización y reparación de aquellas averías que se producen en las cajas de empalme de cables de la pared o en las lámparas del hogar. Debemos contar siempre con una escalera de seguridad.

Linternas:
Son el mejor aliado ante una avería eléctrica, porque resultan menos peligrosas que las tradicionales velas de cera. Conviene, además, tener suficientes baterías de recambio para que siempre sea operativa. Por supuesto, estos utensilios siempre deben guardarse en un lugar fijo.

Caja de herramientas básica:
Integrada por las siguientes piezas: destornilladores, sierras de madera y metálicas, limas, martillos, tenazas, alicates, cinta aislan-

te, taladro eléctrico, llave inglesa, punzones, clavos, tornillos, tacos de plástico, etc.

PREVENIR ACCIDENTES DOMÉSTICOS

Cada año se producen en nuestro país alrededor de 800.000 accidentes domésticos, la mayoría provocados por caídas, contacto con el fuego, asfixia e ingestión de sustancias tóxicas. De esta cifra, los niños son quienes se llevan la peor parte, con un 45 por ciento, seguidos de los ancianos, con un 15 por ciento de dichos siniestros.

Aquí detallamos 50 consejos para evitar la mayoría de las contingencias del hogar:

1. Mantener lejos del alcance de los niños los productos de limpieza y otras sustancias tóxicas.

2. Utilizar cierres de seguridad en los armarios que contengan productos peligrosos.

3. Guardar sistemáticamente tijeras, cuchillos y todo tipo de objetos cortantes.

4. Instalar el horno en un lugar alto; cuanto más lejos esté del alcance de los niños, mucho mejor.

5. Procurar que los mangos y asas de sartenes y cacerolas permanezcan siempre hacia dentro.

6. Utilizar lavadoras que ofrezcan un sistema de apertura retardada y mantener siempre la puerta cerrada.

7. Colocar una alfombra antideslizante en el fondo de la bañera o en su defecto adhesivos con la misma función.

8. No dejar en el baño, al alcance de los niños, cuchillas de afeitar, tijeras y cosméticos.

9. Emplear cierres de seguridad para la tapa del inodoro.

10. Tirar de la cisterna siempre que lancemos al inodoro lejía o amoniaco, porque estas sustancias desprenden vapores tóxicos que son nocivos para la salud.

11. Eliminar todo acceso a ventanas o, si no es posible, intentar bloquearlas para impedir que se asomen niños.

12. Instalar barreras de protección en las escaleras.

13. Proteger las esquinas de los muebles con almohadillas.

14. Poner cierres de seguridad en cajones y armarios.

15. Colocar antideslizantes debajo de las alfombras.

16. Tapar las chimeneas con rejillas de protección.

17. Proteger los enchufes con tapas especiales.

18. Asegurarse de que los juguetes no tengan piezas pequeñas que se puedan desprender.

19. Nunca dejar sin vigilancia la piscina.

20. Mantener a buen recaudo las herramientas de jardinería.

21. No dejar escombros o basuras esparcidas.

22. Almacenar toda clase de productos químicos, tales como insecticidas, fertilizantes, abonos o cloro para piscinas.

23. Recoger con diligencia los cristales rotos.

24. Los interruptores del hogar deben tener un acceso fácil y un accionado sencillo.

25. Niños y ancianos deben tener la ropa y los objetos de primera necesidad al alcance de la mano.

26. Cerrar siempre el gas cuando nos acostamos.

27. Ante ausencias del hogar prolongadas, cerrar las llaves generales del agua, del gas, y desconectar la vivienda de la red eléctrica. Vaciar la nevera y dejarla con las puertas abiertas.

28. Proveer, si la vivienda lo permite, determinadas habitaciones con escotillas de ventilación.

29. Mantener las alfombras bien extendidas y no ocultar cables debajo de éstas.

30. No conectar muchos aparatos en un mismo enchufe y verificar siempre la potencia máxima de los adaptadores.

31. Apagar totalmente el televisor, el vídeo y la cadena de música. En el caso de la televisión o vídeo, desconectar también la antena, ya que una tormenta eléctrica podría dañar los aparatos.

32. Las fuentes de calor deben permanecer alejadas, por lo menos un metro, de muebles, cortinas y tapicerías.

33. Evitar las estufas de gas en zonas de menos de seis metros cuadrados y sótanos.

34. No dejar velas ni cigarrillos encendidos en una habitación que esté desocupada.

35. Solicitar una revisión técnica de todos los aparatos que proporcionan calor y agua caliente.

36. Bajar las persianas con dos manos y en movimientos sucesivos, con el fin de evitar cortes u otro tipo de lesiones en las manos.

37. Nunca colocar sobre aparatos eléctricos recipientes o jarrones con agua.

38. Emplear ceniceros amplios, a ser posible de agua.

39. No vaciar los ceniceros sin antes haber echado un poco de agua o teniendo la seguridad de que no hay restos encendidos.

40. Emplear insecticidas y plaguicidas de baja intensidad.

41. Los barrotes de las barandas deben tener poca separación para que no quepa la cabeza de un niño.

42. Respetar escrupulosamente las revisiones de los aparatos de aire acondicionado, la limpieza periódica de los filtros y del tubo de drenaje del agua del condensador.

43. Evitar caminar descalzo por la casa.

44. No alojar nunca bajo las ventanas elementos bajos como camas o cajas porque los niños pueden emplearlos para subirse.

45. Colocar alfombras absorbentes ante el lavabo y la bañera.

46. Mantener siempre secos los suelos.

47. Instalar en la pared de la bañera o ducha una barra de sujeción para apoyarse al entrar o salir.

48. Dejar una toalla próxima a la ducha o bañera, ya que los estiramientos desde la bañera provocan graves accidentes.

49. Limpiar luces y focos encastrados con un paño seco y con calzado aislante.

50. No colocar enchufes ni aparatos eléctricos a menos de dos metros de distancia de bañeras y duchas, ni interruptores a menos de un metro.

CÓMO ACTUAR EN CASO
DE ACCIDENTE PERSONAL DOMÉSTICO

Cada accidente doméstico requiere una actuación determinada. Tener las cosas claras y actuar con acierto es fundamental en unas situaciones en las que el tiempo nunca juega a favor de la víctima. Por este motivo, a continuación se detallan una serie de consejos puntuales para aplicar en determinadas situaciones:

ENVENENAMIENTO:

Cuando se produzca una ingestión de sustancia tóxica, lo primero que hay que hacer es identificar el tipo de veneno y pedir asistencia médica lo antes posible.

Conviene, además, fijar la hora en que se produjo el suceso y la cantidad tragada. Si el afectado está consciente, hay que intentar hacerle vomitar el veneno, a menos que se trate de un líquido corrosivo, ya que en ese caso el esófago, abrasado por el producto resultaría dañado nuevamente.

Es muy importante enjuagarle la boca y los labios con agua, pero sin que alcance a beber. Y, mientras llegan los servicios médicos, vigilar el pulso y la respiración.

ELECTROCUCIÓN:

La primera actuación es esencial: hay que cortar la corriente desconectando el interruptor general del contador y, si ello no fuera posible, tirando del enchufe o del cable con la ayuda de algún objeto, siempre y cuando el conductor de electricidad esté seco y nosotros nos encontremos sobre una superficie seca.

Una vez cortado el fluido eléctrico, si la respiración y el corazón se hallan paralizados deberemos actuar con rapidez efectuando un masaje cardiaco, la respiración boca a boca y llamar a una ambulancia.

QUEMADURAS:

Sus causas proceden de entrar en contacto con fuego, electricidad, líquidos o materiales muy calientes, vapor y productos químicos corrosivos. Así mismo, su gravedad está en función de la zona dañada y de su superficie.

En el caso del fuego, cuando la víctima se halla envuelta en llamas, deberemos envolverla con una manta o ropa no sintética. Una vez sofocado el fuego, no hay que quitarle las ropas.

En cambio, si el accidente se ha producido con líquidos calientes o sustancias corrosivas, es conveniente quitar la ropa a la víctima y lavar su piel, sin frotar, con agua fría durante al menos un tiempo de entre diez y quince minutos.

Si la extensión de la quemadura es grande, hay que llamar urgentemente a una ambulancia.

INGESTIÓN DE CUERPOS EXTRAÑOS:
Los niños, sobre todo a ciertas edades, sienten la extraña atracción de llevarse a la boca todo lo que tocan, hecho que provoca numerosos accidentes, cuya gravedad depende de la naturaleza del objeto ingerido.

Cuando se trate de un elemento liso, pequeño y redondo, el problema puede solucionarse siguiendo una dieta normal hasta su expulsión, aunque en niños menores de cinco años lo mejor es acudir al pediatra.

Y, evidentemente, también habrá que pedir ayuda médica cuando el objeto engullido sea puntiagudo o si tenemos la sospecha de que ha pasado a los pulmones.

En estos últimos casos, ante todo no hay que dar nada de comer ni de beber.

En caso de que se produzca ahogo, lo mejor es coger al niño por los pies con la cabeza hacia abajo y darle palmadas entre las paletillas. Y si ello no surte efecto, llamar urgentemente al médico y practicarle el boca a boca.

CUERPOS EXTRAÑOS EN LA NARIZ O LAS OREJAS:

Otra afición infantil es la de introducirse objetos por la nariz u orejas.

Si esto sucede, y el elemento es pequeño y liso, bastará con acercarle pimienta a las fosas nasales para provocar un estornudo que expulse al intruso. Pero si ello no da resultado hay que acudir al médico.

06

ORGANIZAR EL TIEMPO DE ESTUDIO

Estudiar es comprender conceptos a través del entendimiento que, a su vez, es adquirido gracias a una actividad sistemática. Pero esta acción requiere una importante inversión de tiempo, en la mayoría de ocasiones, a lo largo de muchos años de dedicación.

Por este motivo, es esencial organizarnos y planificar nuestros estudios. De no ser así, estaremos perdiendo horas y horas ante libros y apuntes sin obtener un mínimo de resultados.

Estudiar no es sinónimo de estrés, sino todo lo contrario. Para que sea efectivo, hay que recurrir a otro tipo de actividades lúdicas, porque nuestro cerebro necesita este tipo de descansos para fijar lo aprendido y prepararse para asimilar nuevas materias.

PLANIFICAR EL ESTUDIO

El orden en el estudio es esencial. Su importancia es equivalente a la actitud y la voluntad.

Por tanto, lo primero que deberemos hacer es planificar un horario, que incluya micrometas a corto, medio y largo plazo, en función de las materias que vamos a preparar y teniendo en cuenta que hay que contar con espacios para descansar y prever la aparición de posibles imprevistos: una enfermedad leve, un viaje inesperado, etc. El mejor método para planificar nuestro horario de estudio es el que sigue estas pautas:

1. Valorar qué material tenemos, cuál vamos a necesitar y qué inversión de tiempo vamos a necesitar para recopilarlo.

2. Calcular las horas que hay que invertir en cada materia y repartirlas semanalmente.

3. Ser realista para que los horarios no alteren demasiado nuestro ritmo de vida habitual.

4. Concretar celosamente las tareas que hemos de practicar.

5. Evitar caer en la monotonía.

6. Ser flexibles. Todo horario ha de poder reformarse adecuadamente sobre la marcha.

SIETE CONSEJOS PARA APROVECHAR EL TIEMPO

Consejo 1: Primar la cantidad de días a la cantidad de horas. En otras palabras, resulta más eficaz repartir 10 horas de estudio en 5 días (2 diarias), que las mismas diez en 2 jornadas (5 diarias).

Consejo 2: Estudiar en un lugar tranquilo, alejados de posibles interrupciones, con el fin de que nuestra concentración sea lo más óptima posible.

Consejo 3: A la hora de organizar los estudios deberemos abarcar un mínimo de tres objetivos. Esto sirve para pasar de uno a otro cuando se cae en la inevitable monotonía.

Consejo 4: No trabajar mecánicamente.

Consejo 5: Equilibrar las materias de estudio destinando una mayor cantidad de tiempo a aquellas asignaturas que nos resulten más difíciles.

Consejo 6: Ser pacientes y constantes para poder progresar correctamente.

Consejo 7: Hay que procurar controlar a la autoexigencia, pues de lo contrario seremos víctimas de un estrés provocado por nosotros mismos.

APROVECHAR EL TIEMPO EN LAS AULAS

Nuestra asistencia a clase es la base de todos los conocimientos que adquirimos.

Por este motivo, hemos de acudir con el máximo de receptividad y teniendo claro que cuanta más atención prestemos, menos tiempo deberemos dedicar en casa a hincar los codos sobre la mesa.

Por todo ello, la base fundamental de nuestra conducta en las aulas ha de ser la de máxima atención, llevando con nosotros todo lo necesario para un perfecto rendimiento. Es aconsejable acomodarnos en un buen lugar, con un buen ángulo de visión y en el que las explicaciones del profesor se escuchen con absoluta claridad para poder tomar los apuntes pertinentes.

CÓMO TOMAR APUNTES

Tomar apuntes es el mejor aliado del estudiante, ya que contribuyen a asimilar y fijar los conocimientos que se nos imparten. Por ello, conviene hacerlo con acierto, siguiendo los siguientes consejos prácticos:

PRESTAR ATENCIÓN:

Resulta fundamental para captar la lógica de lo que dice el profesor en sus clases.

SELECCIONAR:

Evitar escribir literalmente lo que dice el maestro para quedarnos sólo con las ideas importantes.

ORDENAR:

Es esencial que los apuntes vayan acompañados de la fecha en la que son redactados, con la respectiva numeración de las páginas y albergados en carpetas.

LEGIBILIDAD:

La rapidez con la que tomamos los apuntes suele provocar que nuestra letra no sea del todo clara y, por tanto, con toda probabilidad nos obligará a perder tiempo en casa intentando escudriñar qué es aquello que hemos escrito.

Es esencial crear un sistema de claves y abreviaturas propias para que la velocidad no nos convierta los apuntes en intraducibles.

DISTRIBUCIÓN:

No escatimar papel. Los apuntes deben estar espaciados para que su lectura sea sencilla y rápida.

ACTUALIZAR:

Si no podemos acudir a las aulas deberemos pedirlos a un compañero de curso para copiarlos. Esto hay que hacerlo con diligencia para evitar que se nos acumule el trabajo.

TRAS LA CLASE:

Conviene complementar los apuntes de clase con otros, con documentación adicional extraída de enciclopedias, libros de texto o consultas en páginas web.

También resulta muy procedente pasar los apuntes a limpio, ya que de este modo repasaremos y refrescaremos las materias, ahorrando tiempo y esfuerzos posteriores.

ANTE LOS APUNTES: LA HORA DE LA VERDAD

Tras la asistencia a clase hay que enfrentarse a la dura realidad: sentarse ante los apuntes tomados y seguir estudiando.

Todo el mundo sabe que, ante un papel escrito, las agujas del reloj pueden correr rápido o despacio. Depende de si nuestra actitud es activa o pasiva.

No hay manera menos productiva y diligente que ponerse a memorizar sistemáticamente un texto, sin orden ni concierto. Y, sin embargo, existen técnicas de estudio que pueden agilizar la dedicación sin restar eficacia: los esquemas y el subrayado.

LOS ESQUEMAS:

Resultan muy útiles para memorizar aquello que queremos aprender y también para repasar rápidamente lo asimilado.

Un esquema correcto es el que contiene tres elementos esenciales: encabezamiento, numeración y contenido. Esto simplifica las tareas y activa nuestra memoria visual.

Todo esquema debe realizarse con tiempo suficiente y ha de incluir información útil, discriminando aquella que puede resultar inútil o secundaria, abreviaturas y gráficos.

Existen diversos tipos de esquema, pero desde estas páginas apostamos por sugerir los denominados de «llave» y los llamados de estilo «diagrama».

Los esquemas de llave son los más adecuados para estudiar temas que tengan muchas divisiones y subdivisiones. Esto se debe a que facilitan la visualización de todas las partes de un tema con un simple vistazo.

En cambio, los de diagrama son utilizados ante temas que se relacionan entre sí, debido a que nos permiten una visión global de materias complejas.

Vistas las ventajas de esta técnica, ya sólo nos queda sugerir unas pautas para poder asimilarlos de manera rápida.

En este sentido, podemos decir que resulta básico centrar en el empeño toda nuestra atención, estar despejados y descansados y, tras una primera lectura, tratar de reproducirlo mentalmente sin mirarlo, y repetir esta operación hasta que lo hayamos memorizado en su totalidad.

EL SUBRAYADO
Se trata de otra técnica de estudio que permite economizar tiempo y esfuerzos.

Subrayar un texto significa destacar, a través de señales, las partes importantes de un escrito. A continuación detallamos una serie de recomendaciones para realizarlo con éxito:

1. Destacar las ideas centrales, datos importantes y palabras técnicas que conlleven cierta dificultad a la hora de retenerlas en la mente.

2. Economizar lo que destacamos, ya que si lo subrayamos todo no tendrá utilidad alguna nuestro trabajo.

3. Ante el subrayado de textos largos es mejor emplear corchetes u otras claves de aviso.

4. Conviene añadir comentarios al margen de lo subrayado con el fin de reforzar aquellos conceptos que estamos aprendiendo.

5. Al subrayar hay que seguir una cierta lógica que nos permita leer todo lo subrayado y que tenga sentido.

LEER Y MEMORIZAR CON RAPIDEZ

A menudo perdemos la paciencia porque nos encontramos ante ingentes cantidades de texto o esquemas que estudiar, y consideramos que no tendremos suficiente tiempo para leerlos y memorizar sus contenidos.

Este síntoma de vértigo ante el trabajo es del todo natural. Tan sólo hay que ser conscientes de que somos capaces de superarlo para empezar a sacarnos el trabajo de encima.

Esta capacidad mencionada se puede ejercitar a través de pequeñas y sencillas reglas que nos van a permitir agilizar la lectura y la memorización.

LECTURA RÁPIDA:

Se trata de una técnica que, a base de práctica, se puede llegar a convertir en un método eficaz, porque se puede aplicar a los estudios y, por ejemplo, a la lectura de la prensa cuando nuestro tiempo escasee.

Requiere mucha práctica inicialmente, ya que se basa en adquirir una mecánica determinada.

En primer lugar, es importante realizar el menor número de fijaciones posibles en cada línea y así poder abarcar el mayor número de palabras que se pueda. Para ello, lo mejor es hacer separaciones en el texto en grupos de tres palabras.

Cuando ya dominemos esta técnica, deberemos coger un libro que nos guste y elegir tres páginas. Seguidamente leeremos la primera página según nuestra velocidad habitual, la segunda a la mayor velocidad posible (sin preocuparnos de comprender el contenido) y la tercera con la velocidad de la anterior pero intentando comprender lo escrito.

La repetición sucesiva de este ejercicio nos proporcionará una velocidad lectora y de comprensión encomiable.

MEMORIZACIÓN RÁPIDA:
La retención ágil de conceptos extensos puede resultarnos muy útil para ganar la batalla al reloj.

Para conseguirla hay que acudir a una serie de trucos, todos ellos avalados por profesionales que los emplean con resultados óptimos. Éstos se conocen como: el itinerario, reglas mnemotécnicas y la historia.

1. EL ITINERARIO:
Técnica empleada por actores a la hora de memorizar guiones y textos teatrales.

Se trata de un método muy sencillo, porque consiste en imaginar un recorrido, un paseo o un trayecto, asociando lo que estamos leyendo con determinados puntos del itinerario, de modo que se consiga retener los elementos de los apuntes con un orden determinado.

2. REGLAS MNEMOTÉCNICAS:

Se trata de una técnica muy popular entre los estudiantes, que consiste en hacer una palabra con las iniciales de los elementos que se están intentando memorizar.

3. LA HISTORIA:

Consiste en inventar una historia a partir de los datos que deseamos retener. Es una forma muy creativa, ya que permite dotar de agilidad a nuestra imaginación.

LA IMPORTANCIA DE LOS DESCANSOS

El descanso ha de ir asociado al estudio. De lo contrario, no obtendremos el rendimiento esperado y dedicaremos horas estériles ante los libros.

Las horas de reposo mental han de haber sido planificadas y han de computar como el resto de los periodos destinados al aprendizaje. Se trata, en definitiva, de breves paréntesis para cargar energías entre lapsos de estudio, y que nos sirven para desconectar temporalmente y fijar nuestra atención en aspectos más lúdicos. Tomar un café, dar un breve paseo, sentarse en un sillón, poner la mente en blanco o escuchar música pueden ser acciones muy útiles si sabemos administrarlas con acierto.

MOMENTOS Y PAUSAS ADECUADAS

DESCANSOS BREVES:

Cuando nos encontremos trabajando frente a un PC convendrá que cada cuarto de hora realicemos una pausa de un minuto, y que cada dos horas descansemos unos diez minutos.

La primera de las pausas, la más breve, será útil para acercarnos a la nevera y beber agua o zumo, o para levantarnos de la silla y fijar la vista en objetos lejanos con el fin de cambiar temporalmente el campo de visión de nuestros ojos. De esta forma tan simple desconectaremos temporalmente.

En cambio, las pausas más largas, las que realizaremos cada dos horas, son muy apropiadas para pasear, realizar algún tipo de ejercicio para desentumecer los músculos y para ejecutar ejercicios de respiración.

DESCANSOS LARGOS:
Tener el privilegio de poder descansar todo un día completo a la semana y olvidarse de los estudios es un recurso necesario pero sólo está al alcance de los alumnos que han planificado con acierto su tiempo.

Este tipo de recesos resulta muy útil tanto en las fechas más alejadas como en las más cercanas a los exámenes.

Cabe recordar que todos los docentes recomiendan dedicar una jornada entera a alejarse de los libros y apuntes que nos rodean, siempre y cuando consideremos que estamos lo suficientemente preparados para afrontar un examen con éxito. Hacer deporte, una excursión o algún tipo de manualidad también ayuda a aprobar y contribuye a que aprovechemos nuestro tiempo libre.

LOS EXÁMENES: ANTES, DURANTE Y DESPUÉS
Entendemos como examen cualquier prueba que debamos superar, ya sea en la escuela, en la universidad, una entrevista laboral, unas oposiciones o algo tan prosaico como obtener un permiso de conducir.

En todos estos casos hay que valorar qué hacer antes, durante y después, con el fin de poder planificarlo con antelación y evitar reacciones clásicas en estas situaciones, como la angustia, el insomnio, los nervios, etc.

Esta organización antes mencionada debe ser realizada en diferentes fases, teniendo en cuenta los siguientes parámetros:

▸ **Antes de un examen:** se trata de planificar de modo que lleguemos al examen con la suficiente preparación y tranquilidad.

▸ **Durante el examen:** aprender a dosificar el tiempo que nos otorguen para la prueba en cuestión.

▸ **Después del examen:** poder sacar a flote nuestro nerviosismo contenido y ser capaces de hacer balance de cómo nos ha ido.

ANTES DEL EXAMEN

Entre las acciones que debemos realizar está la de recrear la prueba: familiarizarnos con el entorno y obtener la máxima información sobre el profesor o el tribunal que nos va a evaluar.

En esta línea, es muy adecuado hablar con personas que hayan pasado por la misma prueba para que nos aporten datos como las costumbres y la forma de comportarse de nuestros examinadores. A mayor información, más tranquilidad.

También resulta de gran utilidad simular el examen que vamos a realizar. En otras palabras: repasar.

Y, finalmente, no hay que olvidar que el día anterior al examen es determinante. Esta jornada podemos dedicarla a repasar fichas y apuntes ligeramente.

Así mismo, y siempre que consideremos que estamos prepa-rados, podemos dedicar todo el día a distraernos, pasear, escu-char música o ir al cine o al teatro, pero sin trasnochar, ya que al día siguiente debemos estar descansados y despejados.

DURANTE EL EXAMEN

Ha llegado la hora de la verdad. Ante todo, ha de cundir la calma y hemos de poner toda la carne en el asador.

Cuando nos enfrentemos a un examen escrito tendremos la suerte de disponer de tiempo para reflexionar, organizarnos y repartir el tiempo que podemos dedicar a cada respuesta. Para ello, lo más apropiado es leer todo el examen y evaluar hasta qué nivel alcanzan nuestros conocimientos.

Una vez demos la prueba por finalizada, aprovecharemos para repasar las respuestas.

DESPUÉS DEL EXAMEN

Una vez cumplido el trámite del examen deberemos superar la posible angustia que tengamos reconstruyendo la prueba y, con la ayuda de los apuntes y libros, corregir nuestras respuestas con el máximo de objetividad.

Se trata, en cierto modo, de anticiparnos y estar preparados para lo mejor o lo peor que pueda ocurrir.

07

APROVECHAR EL TIEMPO EN EL MUNDO LABORAL

El tiempo que empleamos en nuestro trabajo es esencial, ya que ocupa, en el mejor de los casos, ocho horas, es decir, una tercera parte de nuestra jornada.

Su planificación correcta o incorrecta puede llegar a condicionar otros aspectos de nuestra vida, sobre todo los relativos a nuestra calidad de vida y a nuestras relaciones extralaborales.

LA AGENDA

Es un instrumento imprescindible en la planificación de nuestra vida laboral. Hoy en día existen en el mercado numerosos tipos de agenda, desde las modernas «Palms» electrónicas a las tradicionales de papel de diversos tamaños. Pero sea cual sea el modelo que empleemos, lo esencial es el uso que le demos y los datos que registre.

Una agenda correctamente operativa es aquella que, antes de empezar la jornada, nos muestra detalladamente todas las actividades que nos depara el día: reuniones, gestiones, llamadas telefónicas, correspondencia y correo electrónico a enviar y responder, etcétera.

Otro complemento a la agenda, sobre todo cuando estamos sobresaturados de trabajo, es el ordenador. Un PC equipado con sencillos programas ha de ser capaz de avisarnos con una alarma en el momento en que tengamos que ejecutar acciones puntuales, e incluso puede hacerlo con cierta anticipación: por ejemplo, avisarnos 15, 10 y 5 minutos antes de que empiece una reunión a la que debemos acudir puntualmente.

Volvamos a la agenda. Ya sea electrónica o de papel impreso, ésta debe acompañarnos a todas partes, y en ella debemos ir anotando datos constantemente. Una visita concreta, una llamada, una idea... todo ha de estar recogido en ella. Y no ya por su función de refrescarnos la memoria de nuestras acciones pendientes. Los dietarios cumplen otra función muy importante: registran, en su globalidad, cuál es nuestra vida laboral. Por tanto, resulta muy útil guardar y tener a buen recaudo las agendas de años anteriores.

Una colección completa de agendas que hemos empleado en los últimos cinco años es una fuente de información incalculable a la que podemos recurrir tanto si continuamos trabajando en la misma empresa como si hemos cambiado. Además, y en otro orden de cosas, la misma agenda que nos acompaña en nuestro trabajo diario puede también utilizarse en el contexto personal y familiar, marcándonos fechas significativas, como cumpleaños de personas próximas, citas con nuestros médicos u otras gestiones personales que, inevitablemente, debemos hacer mientras trabajamos.

OTROS MEDIOS DEL ÁMBITO LABORAL

Vista la importancia de la agenda, conviene detenerse un momento para hacer una relación de aquellos instrumentos que nos rodean en nuestros puestos de trabajo, y que nos hacen ganar tiempo y facilitan un poco más nuestras vidas, dando rapidez a las obligaciones de nuestros puestos.

CORREO ELECTRÓNICO:

En muchas de nuestras importantes gestiones del día, el también denominado e-mail nos permite sustituir el papel, las llamadas telefónicas y los intermediarios a través del ordenador. Su efectividad es óptima. La velocidad de transmisión de los datos es casi instantánea.

FAX:

Este aparato se encuentra en cierto desuso debido al dominio del correo electrónico. Sin embargo, sigue siendo de gran utilidad a la hora de enviar determinados documentos a cualquier parte del mundo. Además, la mayoría de ellos pueden funcionar como una ocasional fotocopiadora

VIDEOCONFERENCIAS:

La banda ancha telefónica ha conseguido algo tan importante como poder transmitir, a tiempo real, imagen y voz. Por tanto, este sistema cuenta con la gran ventaja de evitarnos largos desplazamientos para asistir a reuniones.

Por ejemplo, una videoconferencia entre los miembros de una empresa con sedes en Madrid y Barcelona puede ahorrar hasta doce horas de desplazamientos, sin contar el tiempo de pernoctaciones y sus respectivos gastos de transporte y alojamiento.

TELÉFONO MÓVIL:

Resulta indispensable para estar localizables en cualquier momento y poder hacer gestiones telefónicas desde prácticamente cualquier lugar.

Hay que tener presente que hoy en día el número de líneas de telefonía móvil supera a las tradicionales de telefonía fija.

ORDENADOR PORTÁTIL:
Con él se han acabado los tiempos muertos. Un desplazamiento en tren o la sala de espera de un aeropuerto pueden ser la prolongación natural de nuestra oficina.

GRABADORA DE BOLSILLO:
A pesar de que no se prodiga su uso, resulta muy útil a todas aquellas personas cuyo trabajo conlleva largos desplazamientos en automóvil porque, mientras conducen o sufren un atasco, pueden dejar constancia de gestiones o de ideas. Se trata, por decirlo de alguna manera, de un dictáfono contemporáneo.

PRIORIZANDO LAS GESTIONES

No es extraño que las gestiones se acumulen en nuestra agenda. No siempre es posible materializarlas en el momento concertado, y un breve retraso puede afectar a todas las acciones que tenemos pendientes, cumpliéndose el denominado «efecto acordeón». ¿Qué hacer en estos casos?

Ninguno de nosotros está a salvo de personas impuntuales, de aquellos que se ausentan de las citas inesperadamente o de los interlocutores que no se ponen al teléfono cuando corresponde. Pequeños detalles como éstos pueden provocar grandes contratiempos y desbaratar la jornada.

Y como estos retrasos, absolutamente habituales en todos los centros de trabajo, nos obligan a actuar saltándonos la planificación, con la consiguiente pérdida de tiempo que esto conlleva, debemos reaccionar con reflejos y replantear de nuevo toda la jornada siguiendo un claro criterio: las prioridades. Unas prioridades que atienden a los siguientes enunciados:

GESTIONES INELUDIBLES:
Son las relacionadas con temas judiciales, ya que su demora puede producir complicaciones legales; con la Hacienda Pública u organismos tributarios; con la salud y riesgos en la seguridad laboral, y el pago y aplicación de pólizas de seguros.

URGENTES:
Se trata de aquellas que requieren acción y cuyo resultado debería ser inmediato.

IMPORTANTES:
Gestiones fundamentales de cara al futuro pero que se pueden resolver a corto plazo. Es aconsejable posponerlas, ya que, en su mayoría, requieren reflexión antes de su ejecución.

POCO IMPORTANTES:
Son las acciones rutinarias que implican escasa responsabilidad o que podemos llevar a cabo de una forma casi automática y sin mayor preocupación.

POCO IMPORTANTES, PERO URGENTES:
Comprenden aquellas acciones rutinarias pero que necesitan ser tratadas sin demora.

IMPORTANTES Y URGENTES:
Entendemos que son todas aquellas relacionadas con los conflictos, los accidentes, adversidades e imprevistos que necesitan una acción inmediata.

IMPORTANTES POCO URGENTES:
Se trata de aquellas acciones cuya ejecución hay que realizar a través de la reflexión, ya que están basadas en la anticipación a futuros conflictos.

LA TELEFONÍA

El teléfono es un aparato controvertido. Para algunos es la tabla de salvación que les permite trabajar intensa y eficazmente. En cambio, para otros es una pesadilla que sólo sirve para interrumpir constantemente sus labores.

Sea como sea, nos encontramos ante un «invento» imprescindible. Por ello, vamos a dedicarle unas líneas para analizar sus ventajas e inconvenientes de manera detallada.

1. TELEFONÍA FIJA

Nos permite disponer de más de una línea y que éstas sean gestionadas y administradas por una tercera persona, por ejemplo una secretaria o un compañero de confianza, a los que hemos de proporcionar los siguientes datos:

▸ En qué circunstancias no podemos ponernos al teléfono.

▸ Con quién siempre queremos hablar (familia, superiores...).

▸ Qué criterios de «filtrado» hay que emplear: averiguar quién nos llama, para qué lo hace, si nos conoce...

▸ Delegar en la secretaria o compañero de confianza el hecho de efectuar algunas de las llamadas que tenemos planificadas.

2. TELEFONÍA MÓVIL

El teléfono móvil es ya un elemento imprescindible. Sus ventajas son múltiples, pero también tiene sus inconvenientes, como por ejemplo estar localizados y recibir llamadas en cualquier lugar y en cualquier situación.

Cierto es que todos tenemos la libertad de desconectarlo, de dejarlo sólo operativo para recibir mensajes o de, simplemente, no atender determinadas llamadas aprovechando que los teléfonos móviles permiten saber quién es el autor de la llamada que recibimos. En caso de que no sea así determinaremos a qué horas contestamos nuestras llamadas. Sea como sea, el uso correcto y operativo de la telefonía móvil requiere la observación de los siguientes aspectos:

1. Disponer de un terminal moderno, con teclado cómodo, memorización de números, manos libres, llamadas en espera, etc.

2. Preparar siempre nuestras llamadas con anticipación, sabiendo cuáles son nuestros objetivos y los puntos esenciales a tratar en cada comunicación, contando siempre con los documentos necesarios y la agenda a mano. No conviene fiarse de la memoria, por buena que sea.

3. Escuchar activamente, con atención, y, si procede, solicitar al interlocutor confirmaciones y conclusiones por escrito. No confiar en nuestra buena memoria.

4. Ser escueto y preciso en la conversación para que ganemos tiempo nosotros y nuestro interlocutor. Debemos evitar abordar temas colaterales e intrascendentes.

5. Velar por no transmitir datos ni mantener conversaciones confidenciales por teléfono. Este tipo de charlas requieren la actividad presencial.

6. Escoger, de antemano, el interlocutor adecuado. De lo contrario, perderemos grandes cantidades de tiempo con intermediarios que poco o nada podrán aportarnos.

7. Hay que ser discreto y evitar hablar por teléfono delante de personas, a no ser que sean de nuestra estricta confianza. Además, en según qué ocasiones, una conversación telefónica en público puede ser de mal gusto.

TEST: ¿SABEMOS EMPLEAR BIEN EL TIEMPO EN EL TRABAJO?

Como hemos visto hasta el momento, todo trabajo precisa planificación a corto, medio y largo plazo. Organizar nuestra vida laboral es esencial para evitar las irreparables pérdidas de tiempo.

A continuación proponemos al lector un sencillo test para poder averiguar si somos capaces de mantener un orden y una planificación en nuestra vida laboral, o si, en cambio, somos una fuente potencial de pérdidas de tiempo.

CUESTIONARIO:

A. Somos capaces de alargar la mano y encontrar sobre la mesa del despacho el bolígrafo, la agenda y el teléfono. En general sabemos dónde tenemos nuestros elementos de trabajo.

B. Disponemos de un bloc de notas para redactar trucos en nuestra mesa de trabajo, en el coche, en la cartera o en su defecto contamos con una grabadora de voz.

C. Al salir de un restaurante hemos de regresar porque, a menudo, nos olvidamos alguna cosa.

D. Guardamos de forma metódica y bien ordenada las agendas de los años anteriores.

E. Anotamos en la agenda reuniones, comidas, cenas, entrevistas, aunque no estén programadas.

LAS REUNIONES

Hay quien dice, con buen criterio, que la mejor reunión es la que no excede de veinte minutos de duración y que, cuando se ha superado este tiempo, seguramente la convocatoria carece de utilidad. Y es que una reunión de trabajo puede parecer algo muy sencillo de organizar y, sin embargo, precisa de ciertas pautas a cumplir si no deseamos que se convierta en una irreparable pérdida de tiempo.

Pauta 1:

Las reuniones deben tener un motivo concreto. Bajo ningún concepto debemos caer en la improvisación.

Pauta 2:

Pueden ser ordinarias, organizadas con una periodicidad habitual para tratar un tema establecido; o extraordinarias, que son las que se convocan urgentemente para resolver una crisis.

Pauta 3:

Las reuniones han de ser convocadas siempre con suficiente antelación para que nada pueda fallar.

Pauta 4:

Han de tener un orden del día, con el que los asistentes sepan qué temas se van a tratar.

Pauta 5:

Los convocados han de conocer anticipadamente los contenidos para poderlos preparar.

Pauta 6:

Los que convocan la reunión han de buscar un lugar acorde para reunirse.

Pauta 7:

Es procedente asegurarse la presencia de los convocados a la reunión y ofrecer la posibilidad de delegar el voto o decisiones ante un caso de ausencia inevitable.

TIPOS DE REUNIONES:

Existen diversos tipos de reunión. Y aunque se caracterizan por la persona que las convoca, lo esencial es que cada una de ellas requiere una actitud y una preparación. Pasemos a detallarlas:

1. REUNIONES CON SUPERIORES

Son las que convocan nuestros jefes y a las que asistimos dejando nuestro trabajo habitual con la intención de recibir mensajes, consignas o instrucciones.

Ante este tipo de reuniones, lo primero que haremos será averiguar su motivo y qué objetivos tiene. Por ello, si en la convocatoria no queda claro el móvil, solicitaremos más datos a la secretaria o al encargado de convocarla. De este modo, podremos acudir con los documentos y datos necesarios. No es recomendable acudir a una reunión con las manos vacías.

Así mismo, intentaremos acudir a la reunión con algo de antelación porque, si queremos evitar pérdidas de tiempo, tenemos que ser los primeros en dar ejemplo.

Durante la reunión apuntaremos todas las decisiones que se tomen y, si procede, pediremos explicaciones de lo acordado, dejando constancia de los problemas que puedan plantearse en cada momento.

2. LAS REUNIONES CON SUBORDINADOS

Las reuniones con nuestros subordinados deben organizarse de forma que éstos pierdan el menor tiempo posible en su trabajo. Así, para organizar y convocar la cita deberemos cumplir los siguientes requisitos:

▸ Enviar la convocatoria de la reunión y avisar al personal que debe asistir a este encuentro.

▸ Anunciar la fecha, la hora de comienzo y, lo que es muy importante, la hora prevista de finalizar.

▸ Marcar los objetivos de la reunión.

▸ Redactar el orden del día con la lista de todos los temas que se tratarán.

▸ Preparar o acondicionar un lugar para la convocatoria.

▸ Delegar en algún colaborador la redacción de un acta que refleje los acuerdos adoptados.

▸ Algunas reuniones pueden necesitar un moderador. En tal caso, éste se encargará de recordar los objetivos de la reunión, velar por el cumplimiento de los turnos de intervención, incitar a una intervención activa de los asistentes, evitar interrupciones y moderar las tensiones que puedan surgir.

3. LOS ENCUENTROS PROFESIONALES

Los encuentros profesionales son entrevistas entre dos interlocutores que están destinadas a negociar o discutir un determinado asunto. Son citas que requieren ser aprovechadas al máximo, ya que, en ocasiones, precisan largos desplazamientos de alguna de las personas.

Para ganar tiempo en este tipo de citas deberemos respetar las siguientes normas:

▸ Confirmaremos la cita con nuestro interlocutor.

▸ Destacaremos claramente el motivo de la reunión y enviaremos, si es necesario, los documentos precisos (contratos, proyectos, etc.) con suficiente tiempo de antelación para que puedan ser estudiados.

▸ Prepararemos la reunión paso a paso acompañándonos siempre de la documentación pertinente para abordar los temas como se merecen.

▸ Llegaremos a las citas con quince minutos de antelación.

▸ Al iniciar la reunión hay que recordar la hora en que debe finalizar el encuentro.

▸ Tomar notas de todos los aspectos importantes que se traten en la reunión es vital, ya que al finalizar el encuentro podremos revisar lo conversado.

▸ Finalizada la reunión, conviene recapitular y recordar al interlocutor los acuerdos alcanzados y confirmarlos por escrito en un plazo no superior a una semana.

En el caso de que la cita sea en un lugar situado a una distancia importante deberemos:

1. Evitar el desplazamiento si no es del todo necesario, procurando emplear medios de transmisión alternativos.

2. Valorar si el desplazamiento puede ser realizado por un colaborador de confianza y delegar en él el viaje.

3. Si debemos acudir personalmente a la cita profesional, debemos considerar que para distancias cortas el mejor medio de desplazamiento es el tren.

El coche sólo es adecuado para recorridos muy cortos o cuando debamos ir acompañados de varias personas. En recorridos largos, siempre emplear el avión.

CAUSAS DE LOS CONTRATIEMPOS LABORALES

Todo trabajador se ha tenido que encargar de algunas labores imprevistas y que resultan bastante desagradables debido a que no entraban en los planes y provocan la demora o ralentización del trabajo ordinario.

Para evitar este tipo de situaciones, que conllevan pérdida de tiempo y de dinero, lo mejor que se puede hacer es conocer las causas que provocan este tipo de anomalías:

1. MALA ORGANIZACIÓN
La aparición de estas tareas inesperadas suele ser consecuencia de una mala gestión del tiempo y su resultado es lamentable: la reestructuración de la agenda de todo un equipo de profesionales.

2. MALA PLANIFICACIÓN

Sin una visión de futuro del trabajo de las labores que hay que realizar no nos podemos anticipar a la aparición de contratiempos ni a la búsqueda de posibles soluciones.

Ante trabajos muy imprevistos hay que saber determinar un plan de desarrollo factible y eficaz.

3: DESMOTIVACIÓN

Los profesionales de una empresa han de estar motivados. La base de este estado de ánimo es el diálogo, que facilita el funcionamiento del colectivo y produce solidaridad ante los objetivos marcados. Otro fundamento imprescindible es la confianza.

4: MALA ACTITUD DE LA DIRECCIÓN

En ocasiones los dirigentes se olvidan que los mandos también forman parte del equipo de trabajo, dejando a un lado la comunicación fluida y de confianza, y adoptando, además, objetivos imposibles de alcanzar.

08

ORGANIZANDO LAS RELACIONES SOCIALES

Las relaciones humanas son, con toda seguridad, lo más enriquecedor que nos puede deparar la vida. El hombre es un animal social y sociable que necesita el contacto con sus semejantes para desarrollarse, expandir su carácter y por supuesto para realizar su evolución personal.

Sin embargo, este privilegio puede convertirse en un suplicio porque, a menudo, nos encontramos ante una persona con la que no deseamos interactuar y con la que, en consecuencia, estamos perdiendo nuestro preciado tiempo. Según algunos estudios recientemente realizados, las personas que tienen muchas relaciones humanas son las que más tiempo invierten.

Saber rodearse de una compañía adecuada y destinar nuestro tiempo a aquellos con los que sí deseamos estar debe ser un objetivo primordial en nuestra vida.

TIEMPO Y RELACIONES HUMANAS

El empleo del tiempo destinado a las relaciones personales tiende a simplificarse gracias a las nuevas tecnologías, como los correos electrónicos o los teléfonos móviles, que agilizan en gran medida las comunicaciones. Pero no es así en todos los casos porque, en determinadas ocasiones, pueden llegar a esclavizarnos.

El buen uso del tiempo en las relaciones humanas pasa por el cumplimiento de unas pautas esenciales:

1: Saber con quién deseamos hablar.

2: Tener claro cómo es la persona con la que mantendremos la conversación.

3: Conocer, de antemano, los temas que vamos a abordar.

4: Establecer y respetar el tiempo que vamos a destinar a determinadas relaciones.

5: Ser muy respetuosos tanto con el tiempo de los demás como con el nuestro.

6: Estar preparados para finalizar una conversación, sin caer en la mala educación.

7: Concertar nuevas citas y tomar nota de ellas sin dejar futuros encuentros en el aire.

Siguiendo los siete puntos mencionados hasta el momento, podremos llegar a estar en condiciones de administrar mejor nuestro tiempo, encauzar mejor las formas de comunicación y nuestras relaciones interpersonales. En definitiva, evitaremos la sensación de estar perdiendo el tiempo con una persona.

DIFERENTES PERFILES

Cada uno de nosotros administra su tiempo en función de su forma de ser y de sus obligaciones personales y sociales. No todos somos iguales. Podemos ser introvertidos, extravertidos, ariscos... Cada uno es como es y, en consecuencia, aborda sus relaciones interpersonales de diferente manera.

Sin embargo, seamos como seamos, nadie está a salvo de tropezarse con personas que no tienen nada mejor que hacer que perder el tiempo, que entienden las relaciones como un puro entretenimiento; o con interlocutores que nos «despachen» rápidamente por encontrarse muy ocupados; y tampoco hay que descartar a aquellos a los que nuestra compañía no les despierta ningún interés.

Con el fin de entender estas variedades, es necesario plantear una serie de categorías generales sobre diferentes perfiles humanos, teniendo en cuenta cómo actúan habitualmente, qué esperan de nosotros, de qué manera podemos aprovechar esos encuentros y concluirlos.

Ser capaces de comprender los temperamentos de los que nos rodean nos permitirá obtener un mejor rendimiento de nuestro tiempo. Acerquémonos a estos rasgos personales:

1. LOS CARGANTES

Las personas cargantes, también denominadas «plastas» o «pesadas», suelen ser, por lo general, absorbentes.

Se trata de individuos que pretenden focalizar la atención de los demás sobre ellos y obran igual tanto cuando hablan como cuando escuchan: conversan basándose en temas únicos, insistiendo sobre aspectos ya comentados con anterioridad.

Así mismo, cuando escuchan prestan únicamente atención a lo que verdaderamente les preocupa.

Cómo actúan:

▸ Carecen de control de tiempo y de la intimidad propia y de los demás.

▸ No son conscientes de que reiteran constantemente sus argumentos.

▸ Tienden a hablar siempre de los mismos temas. Esta táctica la utilizan para llevar el agua a su molino.

▸ Se inmiscuyen en la vida de los demás.

▸ No dudan en llamar por teléfono a horas intempestivas.

▸ Pueden presentarse en la casa de los demás sin cita previa.

▸ Suelen empezar sus conversaciones abordando temas banales y sin trascendencia alguna.

Sus objetivos:

▸ Tener la sensación de ser escuchados.

▸ Ser importantes.

▸ Superar la soledad.

Cómo actuar ante ellos:

▸ No dar pie para prolongar las conversaciones más de lo que nuestra paciencia aguante.

▸ Los pesados, aunque son inasequibles al desaliento, acaban por aburrirse cuando se les ignora.

▸ Al tener indicios de que empiezan a repetir sus argumentos, dar la conversación por concluida, pero con tacto y diplomacia.

▸ En las conversaciones telefónicas, hacer un sobreesfuerzo para centrar el tema que nos ocupe.

2. LOS ABSORBENTES

Se trata de una variedad del perfil de la persona pesada, aunque suele ser concisa y concreta para pasar desapercibida. Es alguien que intenta llevarnos a su terreno y pretende que estemos con él hasta que le demos explicaciones de lo que hacemos.

Cómo actúan:

▸ Habitualmente, intentan demostrar que su discurso es único, que es el mejor, intentando convencer a los que le rodean de lo bien o mal que actúan.

▸ Monopolizan los encuentros.

▸ Suelen enfadarse cuando aprecian que no se les hace caso.

▸ No respetan la conversación de los demás.

Sus objetivos:

▸ Nuestra idolatración, muestras de cariño y de reconocimiento.

▸ Sorprendernos con sus argumentos.

▸ Ser el centro de atención de manera constante.

Cómo actuar ante ellos:

▸ Confiar en sus virtudes: no suelen mentir, son rigurosos, detallistas y constantes.

▸ Es inútil pretender quitárnoslo de encima o darles esquinazo, porque sólo desaparecen cuando están extenuados.

3. LOS TRISTES Y DEPRESIVOS

Al margen de las patologías, a menudo nos rodean personas que sólo ven la vida a través de la franja de colores que va del negro al gris.

Para ellos, todo es oscuro, todo es relativamente bueno tendiendo a lo malo.

Los tristes y depresivos, seamos francos, nos hacen perder mucho tiempo, porque no somos desaprensivos y tendemos a ayudarles. Sin embargo, este gesto es su anzuelo para no separarse de nosotros.

Cómo actúan:

▸ Con desgana, sin interés por lo que les rodea y poniendo pegas a las propuestas de los demás.

▸ Por norma general, suelen acabar desanimando a todo aquel que les rodea.

▸ Son negativos.

▸ Están marcados por el pesimismo.

▸ Son los típicos «aguafiestas».

▸ Son inconformista y no dejan de quejarse.

▸ Son incapaces de actuar por sí mismos.

Sus objetivos:

▸ Tienden a esperar que los demás sean los que solucionen sus problemas.

▸ Remontar su vida.

▸ Transmitir sus problemas, aunque en realidad sean minucias sin importancia.

Cómo actuar ante ellos:

▸ Tomarlos en su justa medida y actuar con cautela para que su tristeza no nos afecte.

▸ Intentar dar la vuelta a la situación que nos planteen.

▸ Mostrarles que las cosas no van tan mal.

▸ Evitar crearnos la sensación de culpa cuando demos por terminada nuestra conversación con ellos.

▸ No perder el tiempo aconsejando.

▸ No insistir más de la cuenta en nuestros argumentos.

▸ No intentar convencerles a toda costa.

4. LOS INTERESANTES

Suelen ser personalidades atractivas que cautivan la atención de los que los rodean. Su proximidad resulta grata.

Cuando estamos ante ellos, debemos saber para qué nos sirve estar con ellos.

Cómo actúan:

▸ Emplean un lenguaje enriquecido. Utilizan anécdotas y datos que no siempre son relevantes.

▸ Abordan temáticas variadas, aportando cierta erudición.

▸ A veces consideran que los que le rodean no están a su altura.

Sus objetivos:

▸ Pretenden atraer la atención de sus acompañantes.

▸ No dudan en ofrecer su ayuda.

▸ Gustan del diálogo y que sus cualidades sean reconocidas.

▸ Les gusta el trato sincero.

Cómo actuar ante ellos:

▸ Para no perder tiempo deberemos ser concretos con ellos. Ir al grano será la mejor solución.

▸ Terminar nuestros encuentros con ellos de manera ordenada.

5. LOS INESPERADOS

Son aquellos que tienen la mala costumbre de presentarse por sorpresa, sin cita previa.

Este tipo de encuentros no programados suelen perjudicarnos, ya que desprograman toda nuestra planificación con la correspondiente pérdida de tiempo gratuita.

Sus objetivos:

▸ Perder su tiempo y hacernos perder el nuestro.

Cómo actuar ante ellos:

▸ Saludarlos de manera cortés, pero sin efusiones.

▸ Hacerles saber que tenemos cosas pendientes que hacer.

▸ Darnos un plazo para terminar el contacto y respetarlo.

▸ Negarnos a los encuentros fugaces con ellos.

LAS RELACIONES FAMILIARES

¿Quién no tiene remordimientos de conciencia por no dedicar a su familia el tiempo que ésta requiere? Desgraciadamente, el ritmo de vida social y laboral que nos imponemos hace que restemos tiempo a nuestras obligaciones con los seres queridos.

Los días laborales somos absorbidos, literalmente, por nuestras obligaciones profesionales. Y los fines de semana tendemos a descansar y a disminuir nuestra actividad, olvidando que la familia precisa una atención que a menudo relegamos dejando en un segundo plano.

CÓMO ACTUAR LOS DÍAS LABORALES

▸ Compartir las comidas, evitando el televisor.

▸ Fomentar el diálogo en la mesa.

▸ Realizar breves actividades de ocio.

▸ Compartir con los hijos las tareas y deberes de la escuela.

▸ Acompañar a los hijos en el momento de acostarse y hacer un balance con ellos de cómo ha ido el día. Programar lo que vamos a hacer mañana.

▸ Separar el trabajo de la familia e intentar desconectar cuando lleguemos al hogar. No conviene llevarse problemas a casa.

LOS FINES DE SEMANA

Al ser períodos más largos podemos planificarlos con más detalle y anticipación.

▸ Además, debemos hacer partícipes a todos los miembros de la familia en las labores del hogar.

▸ Establecer horarios matutinos para que no nos pasemos la mañana durmiendo.

▸ Buscar actividades de participación: salidas, excursiones, proyecciones cinematográficas...

▸ Evitar la monotonía.

LAS RELACIONES DE PAREJA

Si las relaciones con la familia y los hijos son importantes, no podemos descuidar las relaciones de pareja. El tiempo que dedicamos a la pareja debe ser práctico y útil, porque es irrepetible.

Debemos vivir el presente intensamente. Por tanto hay que seguir las siguientes pautas:

1. CREAR ESPACIOS PERSONALES

No hay peor error que confundir el tiempo que dedicamos a la familia con el que requiere nuestra relación conyugal.

Los hijos, cuando los hay en la pareja, son muy absorbentes y requieren toda nuestra atención y energía disponible. Sin embargo, y pese a su existencia y necesidades, es conveniente crear espacios para disfrutar con nuestra pareja.

2. ACTUAR EN COMÚN

Eludir la monotonía programando acciones concretas para realizar con nuestra pareja. En este sentido, frases como «nunca tienes tiempo para nada» o «siempre hacemos lo mismo» han de ser desterradas.

3. PLANIFICAR

Fomentar unas relaciones fluidas para que los miembros de la pareja puedan organizar su tiempo en común y consensuar las actividades que cada uno propone, en función de sus necesidades o apetencias.

1. TEST DE COMUNICACIÓN

Se trata de un cuestionario, sin pretensiones científicas, que puede darnos información interesante acerca de nuestra capacidad de relacionarnos con aquellas personas que nos rodean habitualmente.

VALORES DE RESPUESTA

1. **PUNTO:** No muy exacta.

2. **PUNTOS:** Ligeramente exacta.

3. **PUNTOS:** Generalmente exacta.

4. **PUNTOS:** Muy exacta.

CUESTIONARIO

1. Yo sí sé escuchar. Estoy siempre atento y en actitud muy receptiva a lo que me dicen los demás.

2. Cuando me encuentro con alguien por primera vez, trato de dar una buena impresión.

3. Cuando hablo, lo hago oportunamente y me expreso de forma correcta. Mis palabras tienen un efecto notorio sobre todos quienes me rodean.

4. Me encuentro animado al hablar. Mi lenguaje corporal es rico.

5. Empleo adecuadamente la modulación y el volumen de voz para reforzar lo que digo.

6. Cuando participo en una conversación siempre trato de ser lo más amable posible.

7. Hasta la fecha, mis técnicas de comunicación interpersonal son la clave de mi éxito.

8. Comprendo la importancia que tiene el dominio de mí mismo y siempre lo practico.

9. Interactúo bien con la gente porque entiendo todos los elementos implicados en la conversación y sé ponerme a la altura de los demás.

10. Siempre cuido lo que digo porque sé que hasta las paredes tienen oídos.

11. En muy pocas ocasiones hablo acerca de una información o la revelo si considero que puede ser delicada.

12. Puedo permanecer en silencio a propósito, pues ejerzo un excelente control sobre cada palabra que pronuncio y tengo la capacidad de contenerme.

13. Ejerzo control sobre lo que digo, incluso después de beber algunas copas.

14. Siempre me siento obligado a confesarlo todo para poder desahogarme.

15. Confío poco en los demás.

16. Soy capaz de guardar un secreto.

17. Muy pocas veces me siento impulsado a cometer una indiscreción o desvelar un secreto.

18. Creo que las filtraciones de información en una empresa son graves y negativas.

19. A menudo doy, inconscientemente, claves o pautas ocultas en mi conversación.

20. Nunca participo en altercados o discusiones.

21. El control que ejerzo sobre lo que digo es algo que sale natural de mí.

22. Siento que me comporto muy bien en la mayoría de las conversaciones que mantengo.

23. No reacciono emocionalmente cuando me siento atrapado o me provocan.

24. Entiendo mis sentimientos recónditos y sé por qué digo ciertas cosas.

25. Sé cuándo es mejor guardar silencio.

26. Me cuesta mucho trabajo guardar para mí mismo la información importante que se me confía.

27. Casi nunca empleo palabras malsonantes en un ambiente social o laboral.

28. Sé escuchar a los demás, pero con frecuencia no presto atención a lo que me dicen.

29. Sé cuándo debo dejar de hablar a los demás.

30. Soy muy eficaz cuando se trata de persuadir a las personas de que comprendan mi punto de vista o de que pongan en práctica lo que yo deseo.

31. A pesar de que me gustaría ser franco, creo que no podría sobrevivir si digo siempre la verdad; así que miento de vez en cuando, pero con prudencia.

SOLUCIONES

MENOS DE 80 PUNTOS:

Si tu puntuación es menor de 80, necesitas hacer un esfuerzo para entender mejor a los demás.

Muchas veces, saber comunicar consiste, sobre todo, en saber escuchar. Verás lo mucho que puedes llegar a aprender de otras personas si las escuchas atentamente, y te darás cuenta cuando digas algo que duele o cuando hayas hablado de más.

A veces hacer gala de una sinceridad extrema como la tuya, aunque muy loable, no es la mejor estrategia para la comunicación y el mantenimiento de las relaciones interpersonales.

80 PUNTOS O MÁS:

Si has obtenido una calificación superior a 80 puntos es porque ejerces un gran control sobre tus palabras.

Comprendes bien la complejidad de lo que los demás te comunican y no asumes riesgos a la hora de hablar con los otros. Te mantienes en una prudente y cómoda distancia diplomática.

Ten cuidado con acabar mintiendo demasiado para quedar bien o «hacer feliz» a tu interlocutor, pues puede ser un arma de doble filo.

Demasiado control sobre lo que haces o dices también puede dar una poco agradable sensación de falsedad sobre tu persona y sobre los argumentos que empleas.

09

OCIO Y ENTRETENIMIENTO: ORGANIZANDO EL TIEMPO LIBRE

Podemos considerar como tiempo de ocio aquel en que disponemos de plena libertad para realizar las actividades que nos gustan o para descansar. Son lapsos de tiempo que conviene aprovechar y no convertir en periodos inútiles. Huelga decir que, en consecuencia, es muy importante sacar el máximo partido a esas horas de asueto y organizarse para disfrutarlas al máximo.

A través de este capítulo que ahora empieza abordaremos cómo sacar partido a nuestros momentos lúdicos a través de vacaciones, viajes y excursiones, ir de compras, pasear o realizar salidas culturales. En definitiva, toda una serie de actividades que pueden distraernos

¿QUÉ ES EL OCIO?

El ocio no es el tiempo libre ni tampoco una actividad. Según la Asociación Internacional WLRA (World Leisure & Recreation Asociation), se trata de un estado mental, una actitud con la que se lleva a cabo una acción.

Esta prestigiosa asociación persigue, además, la educación de los ciudadanos en la cultura del ocio partiendo de las siguientes premisas o condiciones:

▸ El ocio es el área específica de la experiencia humana, con beneficios como la libertad de elección, la creatividad, el disfrute y el placer.

▸ Es un recurso importante para el desarrollo personal, social y económico.

▸ También es una industria cultural que crea todo tipo de empleo, bienes y servicios.

▸ Fomenta la salud y el bienestar, porque permite seleccionar actividades y experiencias que se ajustan a las necesidades, intereses y preferencias de cada uno de nosotros.

▸ Es un derecho humano básico, como la educación, el trabajo y la salud.

▸ Su desarrollo se facilita garantizando las correctas condiciones básicas de vida.

▸ Se trata de un recurso para aumentar la calidad de vida de cara a conseguir un estado de bienestar físico, mental y social.

▸ Puede aliviar la insatisfacción, el estrés, el aburrimiento, la falta de actividad física y la falta de creatividad.

¿QUÉ ES EL TIEMPO LIBRE?

El tiempo libre es, como su nombre indica, aquel que empleamos en disfrutar de la vida sin realizar tareas de forma obligatoria, ya sean laborales, familiares o sociales.

Lamentablemente, poder dar alas a nuestro albedrío es difícil debido a la falta de tiempo. Aprovechemos, pues, el poco que tengamos intensamente siguiendo los siguientes consejos:

VIAJES Y EXCURSIONES

Cada año los españoles realizamos 128 millones de desplazamientos, de los cuales 46 millones son de índole turística y 82 de corta duración a segundas residencias. Y, como en todas las actividades de nuestra vida, la planificación es esencial a la hora de programar esos viajes.

Lo primero que hay que considerar es el tipo de viaje que deseamos realizar (cultural, de aventura, agro-turístico...) y a continuación, determinaremos el medio de transporte que vamos a emplear. Habitualmente, para los recorridos cortos se opta por el automóvil o el tren, y para los largos, el avión.

Para visitas a países lejanos es importante contemplar la posibilidad de adquirir un viaje organizado. Los operadores turísticos conocen bien la idiosincrasia de cada lugar y están especializados en hacer que las jornadas sean provechosas. Además, ofrecen otras ventajas: se encargan de todas las gestiones relativas a los desplazamientos y documentación, con lo cual el ahorro de tiempo es evidente.

Sin embargo, si optamos por ir por nuestra cuenta, deberemos prestar mucha atención a la preparación, porque alrededor de un viaje giran muchas pequeñas cosas y gestiones:

▸ Reservar el transporte.

▸ Contratar un seguro de viaje.

▸ Reservar alojamiento.

▸ Documentarnos sobre el lugar que vamos a visitar.

▸ Diseñar, día a día, las actividades que vamos a realizar, evitando al máximo tiempos muertos y tediosas esperas.

▸ Prevenir posibles contratiempos.

DOCUMENTACIÓN

Entre la documentación que no debemos olvidar destaca el Documento Nacional de Identidad, la tarjeta sanitaria y, en función de nuestro destino, el pasaporte y su correspondiente visado.

PASAPORTE Y VISADOS:

Se trata de unos documentos esenciales para viajar a muchos países y que, si no los tenemos al día, obtenerlos nos costará mucho tiempo invertido en colas y papeleos.

OBTENER EL PASAPORTE:

Para solicitar por primera vez el pasaporte o para renovarlo, hay que dirigirse a la Jefatura Superior o Comisaría de Policía de la provincia habilitada al efecto más cercana a nuestro domicilio. En las grandes ciudades algunas entregan este documento en veinticuatro horas, más o menos.

La documentación a aportar para su tramitación será: DNI en vigor, dos fotografías tamaño carné en color, que sean recientes, con fondo claro, liso y uniforme, centradas, de frente y con la cabeza descubierta y sin gafas de cristales oscuros.

Si el solicitante es menor de edad deberá presentar, además, un permiso de la persona que tenga la patria potestad o tutela, el

DNI de los padres o tutores, el Libro de Familia o partida de nacimiento literal del menor.

Advertencia: la pérdida de los documentos es algo que puede ocurrir durante un viaje, por lo que se recomienda hacer fotocopias de la primera página del pasaporte y del carné de identidad, y guardarlas en cada una de las maletas que llevemos con nosotros.

TRAMITAR UN VISADO:

Si vamos a visitar un país que requiere visado para poder acceder a él, deberemos solicitarlo en su embajada o consulado.

Cada nación tiene distintos tipos de visados, según el motivo de la entrada en su territorio. El que nosotros debemos tramitar para viajar es el denominado «visado turístico», aunque en muchos casos ya no es necesario si la estancia es menor de tres o seis meses.

LOS SEGUROS DE VIAJE:

En ocasiones, un incidente puede robarnos parte del tiempo que tenemos destinado a disfrutar. Por este motivo, y por precaución, es aconsejable viajar con las espaldas cubiertas por una póliza de seguro para viajeros.

En la medida de lo posible es aconsejable elegir aquellas que asumen directamente los gastos médicos y hospitalización, que incluyan los gastos de ambulancia, equipos de rescate, helicópteros y vuelos de emergencia al país.

Finalmente, hay que comprobar que el seguro cubra el regreso a casa de todos los miembros de la familia o acompañante.

PARA TODOS LOS PÚBLICOS

Sea cual sea nuestra manera de ser, las vacaciones ofrecen actividades para todos.

No tendría sentido invitar a una persona reposada a practicar deportes de aventura ni sentar en la terraza de la plaza de San Marcos de Venecia a un individuo con ganas de provocar una explosión de adrenalina.

PROPUESTAS ACTIVAS PARA PERSONAS REPOSADAS:

1. Visitar un mercado

Un mercado es un centro neurálgico de vida, costumbres, ilusiones y necesidades. Visitarlo y comprar en él nos permitirá conocer mucho mejor cómo son las personas del lugar en el que nos encontramos.

2. Sentarnos en la terraza de un bar

Puede ser interesante y enriquecedor apartarse un poco de las zonas más turísticas y ver pasar la vida, las personas, los coches y, si se presenta la ocasión, relacionarnos con los lugareños.

3. Pasear y observar

Descubrir las calles, las grandes avenidas y los barrios viejos de un lugar puede ser una experiencia inolvidable, además de un evento cultural.

4. Tomar un baño

Zambullirse en el agua del mar o de un río a primera hora de la mañana o al anochecer es de lo más agradable.

5. Senderismo

Consiste en vivir la naturaleza a través de rutas que se realizan caminando. Éstas tienen diferentes grados de dificultad. Algunas más largas incluyen la posibilidad de realizar una acampada nocturna y se pueden practicar llevando tan sólo ropa y calzado adecuados.

PROPUESTAS ACTIVAS PARA PERSONA ACTIVAS

Prácticamente en todos los destinos turísticos se pueden encontrar actividades vinculadas a la aventura. Existen muchas agencias que organizan y controlan todo este tipo de eventos garantizando la integridad del consumidor.

1. Mountain-Bike

Es una de las actividades que gozan de un mayor número de seguidores de todas las edades. Se puede practicar en parques, montañas y, para los amantes de emociones fuertes, en circuitos convenientemente preparados.

2. Escalada

Actividad basada en salvar las dificultades de las paredes naturales, utilizando para ello los recursos de nuestro cuerpo.

3. Parapente

Consiste básicamente en despegar desde la ladera de una montaña e ir descendiendo poco a poco hasta llegar a tierra. Antes de practicarlo debe realizarse un cursillo para poder disfrutarlo con seguridad.

4. Ala delta

Se trata de lanzarse desde lo alto de una montaña y mantenerse en el aire buscando las corrientes de aire con el objetivo de permanecer volando el mayor tiempo posible.

5. Puenting

Consiste en atarse con una cuerda a la cintura y a las piernas y lanzarse al vacío desde el ojo de un puente.

6. Rafting

Es el descenso del cauce de un río, habitualmente de aguas bravas, montados en unas embarcaciones denominadas «rafts».

7. Bus-bog

Descenso de un río en grupo mediante un cilindro lleno de aire que pone a prueba el equilibrio de los que montan en él.

8. Kayak

Se trata de una embarcación en la que el usuario se sienta con las piernas estiradas hacia delante y la desplaza gracias a unos remos de dos palas. Se practica en todo tipo de aguas.

9. Hidrospeed

Actividad individual que consiste en descender ríos apoyando medio cuerpo en una plancha (hidro), llevando las piernas sueltas y dirigiendo el rumbo con la ayuda de unas aletas en los pies.

PASEAR POR LA CIUDAD

Realizar un viaje no está al alcance de todo el mundo. Muchas personas no se lo pueden permitir, ya sea por motivos económicos o por obligaciones familiares o laborales. Estas personas que en su tiempo libre no pueden salir de su ciudad o pueblo de residencia tienen la posibilidad, sin embargo, de aprovechar sus horas de asueto paseando, una actividad interesante y gratificante si se siguen los siguientes consejos:

1: Tener acceso a un plano de la ciudad y estudiar todos aquellos lugares en los que existan parques o paseos arbolados.

2: Evitar los lugares con exceso de tráfico de vehículos, dando preferencia a las avenidas peatonales.

3: Un repaso por los medios informativos nos puede sugerir interesantes paseos por exposiciones callejeras de alimentación, de cerámica, de anticuarios, pintores o artesanía popular... Normalmente, en las grandes ciudades, no hay un fin de semana que no se instale algún tipo de éstas.

OCIO CULTURAL

Si deseamos aprovechar nuestro tiempo libre en contacto con la cultura, la ciudad nos ofrece diariamente un amplio abanico.

Existen dos líneas de acceso a la cultura. Por un lado, la que siempre está a nuestra disposición, como pueden ser los museos y los monumentos; y por otro, las manifestaciones temporales, tales como conferencias, exposiciones, muestras itinerantes, conciertos, celebraciones de fiestas típicas, y festivales de teatro y cine.

Para conocer el primer grupo de actividades culturales deberemos contactar con la Consejería de Cultura de nuestra comunidad autónoma, para que nos proporcione una relación con todos los museos de nuestra ciudad y sus respectivos horarios.

En cuanto a las actividades temporales, el mejor medio de información existente es la prensa, aunque la mayoría de municipios disponen de servicios de información municipal que se actualizan a diario.

CONCLUSIONES

Como hemos podido comprobar en el transcurso de la lectura de este libro, el tiempo es una unidad que se puede administrar. Hacerlo es una de las destrezas más útiles que uno puede aprender.

Hoy, nuestra manera de vivir se ha convertido en una especie de carrera contra reloj. Somos atrapados y absorbidos por nuestras obligaciones, a las que destinamos muchas horas que, desgraciadamente, no siempre son aprovechadas y que nos privan de realizar actividades que potencien nuestro crecimiento interno, nuestro desarrollo como seres humanos.

Organizar y planificar nuestras labores es esencial para que el paso del tiempo juegue a nuestro favor. Y se trata de que este propósito, esta intención, se aplique en todas las actividades de nuestra vida: el trabajo, la convivencia familiar, las relaciones sociales, los estudios... No podemos permitirnos el lujo de permanecer pasivos ante el inexorable paso de las jornadas si tenemos a nuestro alcance la capacidad de modificar la inercia que nos arrastra.

Afortunadamente es fácil conseguirlo: además disponemos de múltiples medios que pueden contribuir a que nuestros propósitos se vean cumplidos: ordenadores personales, agendas electrónicas o teléfonos móviles son instrumentos que la técnica pone a nuestra disposición. Las distancias son cada vez más cortas y las comunicaciones más ágiles. Sin embargo, de nada servirán todos los progresos si no tenemos la voluntad y el convencimiento de que somos capaces de dilatar el tiempo propiciando que las horas den más de sí, que cundan con una apropiada administración.

No se trata, como es natural, de vivir instalados en el estrés asumiendo más actividades de las que podemos, o sentirnos esclavos del reloj. Cada uno de nosotros tiene una manera de ser y de actuar que le es propia y no debe renunciar a ella. Simplemente, proponemos que el ahorro de tiempo sea contemplado como una inversión, posiblemente la más rentable que existe, ya que nos ofrece calidad de vida sin coste alguno, con sólo la aplicación de una serie de pautas a nuestras actuaciones cotidianas.

Se trata, como el lector ya habrá deducido, de aplicar el sentido común y comprender que nuestro bien más preciado, aquello que nos hace ser tal como somos, nuestra propia identidad, es nuestra manera de administrar el tiempo provechosamente. Es, en definitiva, la esencia de la vida.

ANEXO 1

ENSEÑAR A LOS NIÑOS A APROVECHAR EL TIEMPO

Partamos de una premisa: los niños no nacen sabiendo aprovechar el tiempo, es algo que aprenden, y su enseñanza ha de formar parte de su educación.

Padres y maestros han de inculcar a los pequeños, con cariño y paciencia, que el tiempo pasa y hay que destinarlo a aprender, descansar y enriquecerse como personas.

Pero todas las instrucciones que reciban apenas servirán si nosotros no somos su ejemplo a seguir, si no viven rodeados de un ambiente que intente, en todo momento, sacarle el máximo partido a la vida.

Por todo ello, a continuación facilitamos una serie de pautas que pueden orientar a los padres. Y decimos pautas y no consejos porque somos conscientes de que son ellos los más adecuados para formar a sus descendientes.

PAUTAS ORIENTATIVAS

▸ Enseñar que el tiempo es un concepto que ellos mismos pueden administrar, como hacen con sus golosinas o con las horas semanales que tienen acceso a ver la televisión.

▸ Incitar al niño a tomar decisiones, disimular sus errores y aplaudir sus aciertos.

▸ Convencerles de que si aprovechan el tiempo que destinan a hacer los deberes podrán dedicarse más a sus actividades preferidas. La máxima «primero las obligaciones y después las devociones» ofrece un concepto de responsabilidad con el que hay que empezar a familiarizar, dosificadamente, a los pequeños de la casa.

▸ Demostrarles que existen muchas y mejores alternativas al hecho de sentarse ante el televisor pasivamente. Poner ejemplos de las acciones que se pueden llegar a realizar en una hora y lo que se está perdiendo por no quitar la vista de la pantalla.

▸ A diferencia de otras épocas, hoy en día los niños disponen de innumerables posibilidades para ocupar su tiempo libre.

▸ La lectura, el deporte, las manualidades, son actividades que deben conocer para poder inclinarse por la que prefieran.

▸ Organizar las obligaciones familiares diarias con ellos, invitándoles a participar y a dar su opinión.

▸ Durante los fines de semana, evitar que se pierdan los hábitos de trabajo, de esfuerzo intelectual y la asunción de valores éticos de los días escolares.

La obligación de todos los niños es la de pasarlo bien y la de escaquearse de todas aquellas actividades que no sean propiamente lúdicas.

▸ Ser mesurado y no saturar a los niños con un exceso de actividad, porque podemos provocar una conducta de rechazo y una fobia hacia todo lo que signifique «actuar». Muchos niños, cuando se acercan a la adolescencia, afirman «haber nacido cansados», negándose a participar en actividades.

▸ Mostrarles que cuando las actividades están planificadas, el tiempo da mucho más de sí. Por ejemplo, en los ratos muertos, como la sala de espera del pediatra, incitarles a la lectura regalándoles el libro o cuento que ellos elijan en la librería.

▸ Invitarles, sin ningún miedo, a participar en labores domésticas. Pueden ayudarnos a hacer la compra ayudándonos a redactar la lista, dando su opinión de lo que consideran que hace falta en la despensa, llenando el carro con los productos de las estanterías que estén a su alcance y contribuyendo a ordenar la despensa.

En cuanto a la limpieza del hogar, es aconsejable mostrarles pequeños trucos para este tipo de tareas y delegar en ellos aquellos quehaceres que estén a su alcance.

En este orden de cosas, hay que enseñarles a organizar su habitación y a que adquieran hábitos de orden para que comprueben que si todo está en su sitio se encuentra más rápido.

▸ Invitarles a participar en la planificación de los días festivos y periodos de vacaciones. Demostrarles que tienen voz y voto y que toda la familia está absolutamente implicada en el reto de aprovechar el tiempo.

▸ Cuando empiecen a escribir, regalarles una agenda infantil y motivarles para que se familiaricen con ésta.

▸ A medida que vayan creciendo, hay que enseñarles que, en muchas ocasiones, se puede hacer de manera acertada más de una acción a la vez: ver la televisión y preparar la merienda, viajar en tren y leer o escuchar música, etc.

▸ Demostrarles que tenemos fe ciega en sus capacidades y que siempre pueden contar con nuestro consejo.

▸ Premiar con regalos simbólicos sus aciertos con el fin de demostrarles que somos conscientes de sus progresos.

ANEXO 2

GUÍA RÁPIDA PARA NO PERDER EL TIEMPO

Queremos finalizar este libro siendo consecuentes con su contenido y proporcionando al lector una herramienta útil para ahorrar tiempo leyéndolo: una guía rápida que sintetiza en cien consejos todo lo que hemos expuesto, y que deseamos resulte de utilidad a quien tenga este volumen en sus manos.

▶ **CONSEJO 1:** La base para el aprovechamiento de nuestro tiempo es la planificación.

▶ **CONSEJO 2:** Toda planificación requiere el establecimiento de prioridades de todas aquellas cosas que debemos hacer.

▶ **CONSEJO 3:** Existen prioridades a corto, medio y largo plazo, en función de su urgencia.

▶ **CONSEJO 4:** Fijarse micrometas es el mejor método para alcanzar grandes objetivos. Para ello hay que valorar lo que debemos hacer, calcular las horas que nos va a ocupar y dividir este tiempo en periodos breves razonables.

▸ **CONSEJO 5:** Lo primero que debemos hacer por la mañana es repasar todas las gestiones y actividades que nos presenta el día, ordenarlas en función de su urgencia y repartirlas entre la mañana, el mediodía, la tarde y la noche.

▸ **CONSEJO 6:** La hora del almuerzo, al mediodía, es un espacio aprovechable si la planificamos con acierto. Leer un libro, repasar la prensa, estudiar o realizar compras en establecimientos que no cierren al mediodía, son actividades que pueden hacernos ganar tiempo libre tras nuestra jornada laboral.

▸ **CONSEJO 7:** Las horas libres de la tarde son un tiempo muy valioso para acudir al cine, al teatro, a una conferencia, visitar un museo, estudiar, cuidar nuestra forma física y mantener relaciones sociales.

▸ **CONSEJO 8:** Aprovechar la noche no tiene por qué significar salir o trasnochar. Ver la televisión con criterio, entregarse a la lectura, a una buena película o a convocar a los amigos a una cena en nuestro domicilio para charlar, son las mejores inversiones nocturnas.

▸ **CONSEJO 9:** Ante los medios de información (Internet, televisión, radio o prensa) hay que aprender a separar el grano de la paja y ser selectivos con los contenidos que nos ofrecen.

▸ **CONSEJO 10:** Antes de encender el televisor debemos preguntarnos qué es lo que queremos ver y a qué tipo de programación deseamos acceder.

▸ **CONSEJO 11:** El «zapping» puede resultar divertido pero nos puede hacer perder el tiempo. Es mejor rastrear la programación de las cadenas de televisión a través de una guía de programación.

▸ **CONSEJO 12:** A la hora de estar informados, la radio continúa siendo el medio de comunicación más inmediato y más compatible con todo tipo de actividades. Existen emisoras que dedican las veinticuatro horas del día a ofrecer noticias y que resultan de gran utilidad en todo momento.

▸ **CONSEJO 13:** Los desplazamientos que nos vemos obligados a realizar a diario son una importante fuga de tiempo. Hay que intentar evitarlos, siempre que sea posible, realizando nuestras gestiones a través del teléfono o de Internet.

▸ **CONSEJO 14:** Antes de desplazarnos para acudir a una cita conviene hacer una llamada telefónica para confirmarla, no vaya a ser que hagamos el viaje en balde en caso de su suspensión.

▸ **CONSEJO 15:** Hay que saber decir «NO» a aquellas actividades que sepamos, de antemano, que nos van a consumir de manera estéril nuestro tiempo.

▸ **CONSEJO 16:** Delegar gestiones en personas de confianza es un inteligente instrumento para ganar tiempo.

▸ **CONSEJO 17:** Siempre que sea posible, aprovechar los desplazamientos para realizar más de una gestión.

▶ **CONSEJO 18:** Si vamos a desplazarnos en nuestro vehículo, antes de salir de casa deberemos consultar la guía de la ciudad, decidir la mejor ruta y prever itinerarios alternativos en caso de atasco.

▶ **CONSEJO 19:** Desplazarnos, siempre que sea posible, en transporte público, mejor si es subterráneo.

▶ **CONSEJO 20:** Para el pago de los recibos del hogar conviene, siempre que sea posible, domiciliarlos a través del banco asegurándonos que nuestra cuenta corriente tenga siempre una suficiente provisión de fondos para evitar que nos sean retornados, con el problema que ello supondría.

▶ **CONSEJO 21:** En el caso de gestiones complejas o largas, resulta apropiado recurrir a los servicios de un gestor profesional que las haga por nosotros.

▶ **CONSEJO 22:** Cuando vayamos al médico deberemos presentarnos ante éste con el máximo de información posible, con el fin de agilizar el tiempo de la consulta.

▶ **CONSEJO 23:** Siempre que visitemos por primera vez a un médico deberemos llevar con nosotros el máximo de datos de nuestros antecedentes médicos porque, con toda probabilidad, éste abrirá un archivo con nuestro historial clínico. No estará de más redactar nuestro propio historial.

▶ **CONSEJO 24:** Conviene siempre tener a mano en nuestro hogar diagnósticos, pruebas anteriores (radiografías, resultados de análisis de sangre u orina) y recetas de medicamentos administrados por prescripción facultativa.

▸ **CONSEJO 25:** Las salas de espera de los médicos son lugares en los que podemos aprovechar el tiempo con un buen libro, los apuntes de la materia que estemos estudiando, la prensa, e incluso con un ordenador portátil.

▸ **CONSEJO 26:** La telefonía móvil nos ofrece muchas ventajas para avanzar gestiones pendientes en los tiempos de espera. Sin embargo, hay que ser respetuoso con los que nos rodean.

▸ **CONSEJO 27:** Conviene enfrentarse a los trámites con la Administración Pública con el máximo de resignación y anticiparnos a los problemas que puedan surgir, siguiendo al pie de la letra las instrucciones que nos faciliten, aportando todos los documentos que sean necesarios y siendo puntuales.

▸ **CONSEJO 28:** En aquellos días que empezamos con mal pie, cuando surge un imprevisto y los planes se derrumban hay que actuar con serenidad y sentido común.

▸ **CONSEJO 29:** Ante un contratiempo hay que detener toda actividad, ordenar nuestras ideas y decidir qué tipo de actividades de la jornada vamos a aplazar. Pediremos ayuda a alguien de confianza, estableceremos un orden de prioridades y elaboraremos planes alternativos.

▸ **CONSEJO 30:** Hay que intentar aprovechar el tiempo cuando hacemos las tareas domésticas, planificándolas y repartiéndolas entre todos los habitantes del hogar.

‣ **CONSEJO 31:** La organización de las labores domésticas hay que hacerla basándonos en las siguientes actividades: compras básicas, compras periódicas, actuaciones diarias y acciones puntuales.

‣ **CONSEJO 32:** Conviene prestar mucha atención al orden de la documentación que recibimos a diario en nuestro hogar (recibos de las compañías que nos suministran servicios, pólizas de seguros, extractos de las cuentas bancarias, etc.).

‣ **CONSEJO 33:** Conviene centralizar y guardar esos documentos en un archivador con los siguientes clasificadores: servicios, salud, hogar, transportes, electrodomésticos, documentos bancarios y documentos fiscales.

‣ **CONSEJO 34:** Hay que mantener en orden dicho archivador y revisarlo, como mínimo, cada seis meses.

‣ **CONSEJO 35:** Un hogar sin orden es un laberinto en que podemos perder gran cantidad de tiempo a la hora de encontrar cosas que podamos necesitar en un momento dado. Hay que organizarlo con criterio.

‣ **CONSEJO 36:** La cocina es el centro neurálgico del hogar y ha de estar montada sobre la base de un orden exhaustivo, por los siguientes sectores: cacharros, pequeños electrodomésticos, accesorios, cubiertos, vajilla, mantelería y alimentos.

‣ **CONSEJO 37:** El cuarto de baño debe ser operativo, porque es una estancia que compartimos con otros miembros de la familia. Es esencial evitar el caos y tener ordenados todos los productos útiles para el aseo personal.

▶ **CONSEJO 38:** Es importante tener los libros a mano y organizarlos siguiendo criterios temáticos, y dentro de éstos, un suborden alfabético, a ser posible, siguiendo el nombre de los autores de las obras.

▶ **CONSEJO 39:** Al igual que los libros, nuestras películas y demás material grabado en soporte de vídeo o DVD deben tener un lugar destinado a su almacenamiento ordenado. De esta forma siempre encontraremos lo buscado.

▶ **CONSEJO 40:** Para localizar nuestros discos y compactos a la primera deberemos respetar el siguiente criterio: clasificar nuestra música siguiendo el orden alfabético del nombre de los autores.

Así mismo, si somos auténticos musicólogos, además deberemos ordenarla por géneros y origen: música nacional, extranjera, clásica, ópera, zarzuela, bandas sonoras o recopilatorios.

▶ **CONSEJO 41:** Las revistas y periódicos también han de ser guardados con cierto criterio: los coleccionables en la biblioteca, esperando su posterior encuadernación. Las revistas y periódicos deben ser guardados en un revistero, para poder localizarlos con la máxima rapidez.

▶ **CONSEJO 42:** La planificación es también la regla de oro para una limpieza rápida y eficaz del hogar.

▶ **CONSEJO 43:** El mejor orden para ganar tiempo en la limpieza es el siguiente: ventilar las habitaciones, poner la ropa sucia en su cesto correspondiente, barrer o aspirar todo el suelo del hogar, limpiar el polvo en muebles y objetos de decoración, asear baños, cocina y cristales y, finalmente, fregar las estancias.

▶ **CONSEJO 44:** Es muy importante escoger la fecha idónea para realizar la limpieza de nuestra vivienda, ya que puede ser una pérdida de tiempo limpiar cristales o persianas ante el anuncio de la llegada de una tormenta de lluvia.

▶ **CONSEJO 45:** Antes de hacer la compra conviene planificarla, ya que no hay nada más enojoso que llegar a casa con la cesta llena y tener que volver a la tienda por culpa de un negativo descuido inoportuno.

▶ **CONSEJO 46:** Antes de la compra hay que escoger aquellos horarios en los que los establecimientos están menos frecuentados para eludir las colas de rigor. Además, redactar una lista que se ajuste a necesidades reales.

▶ **CONSEJO 47:** Al acudir a un comercio en hora punta nos resultará más rápido pagar en efectivo que con la tarjeta de crédito, ya que las líneas telefónicas están más colapsadas.

▶ **CONSEJO 48:** La cocina rápida no siempre pasa por los alimentos precocinados. Es posible elaborar productos clásicos sin pasarnos la vida ante los fogones. Siempre que sea posible, cocinaremos varios platos a la vez: por ejemplo, prepararemos el primer plato en la encimera y el segundo en el horno.

▸ **CONSEJO 49:** Actuar con acierto en las emergencias del hogar es una carrera contra reloj. Por ello conviene contar con una agenda de teléfonos que incluya el número de contacto de nuestro médico de cabecera, practicante, abogado, gestores administrativos, bomberos, policía, médicos de urgencia, farmacias abiertas veinticuatro horas, ambulancias, compañías de seguros, entidades bancarias con las que operamos, vecinos de confianza, fontanero, electricista, servicio de averías de la compañía del gas, empresas de reparación de electrodomésticos, así como de la escuela de nuestros hijos.

▸ **CONSEJO 50:** Así mismo, es también muy importante tener siempre a mano una serie de documentos que nos pueden ser útiles ante una emergencia o imprevisto: Documento Nacional de Identidad, tarjeta de la Seguridad Social, documentación y el seguro del vehículo, pólizas de los seguros médicos (con sus correspondientes recibos) y documentos bancarios.

▸ **CONSEJO 51:** Un botiquín bien equipado puede ahorrarnos mucho tiempo y disgustos en caso de ser víctimas de un pequeño accidente doméstico.

▸ **CONSEJO 52:** Los componentes imprescindibles de un botiquín familiar son: un par de paquetes de curación individual, pomadas antisépticas, analgésicos, antiinflamatorios, tiritas, esparadrapo, vendajes, pomadas para quemaduras, agujas imperdibles, termómetro, pinzas, tijeras, gasas esterilizadas, algodón, líquido antiséptico, alcohol, agua oxigenada, linterna y bicarbonato.

▸ **CONSEJO 53:** Los botiquines necesitan ser repuestos y revisados continuamente para evitar encontrarnos sin el producto que necesitamos o con medicamentos caducados.

▸ **CONSEJO 54:** Resulta básico estar preparados para una emergencia con los utensilios indispensables en todo hogar. Éstos son: extintor portátil, manguera de jardín, escalera, linternas y una caja de herramientas básica.

▸ **CONSEJO 55:** Ante un accidente doméstico hay que reaccionar con rapidez y determinación. Tener las cosas claras y actuar con acierto es fundamental en unas situaciones en las que el tiempo nunca juega a favor de la víctima.

▸ **CONSEJO 56:** Estudiar es otra de las actividades que requieren un gran organización de los tiempos.

▸ **CONSEJO 57:** El mejor método para planificar nuestro horario de estudio es el que sigue las pautas siguientes: valorar de qué material disponemos, calcular las horas que hay que invertir en cada materia y repartirlas semanalmente, redactar horarios realistas que no alteren demasiado nuestro ritmo de vida habitual, concretar las tareas que hemos de practicar, evitar caer en la monotonía y destinar tiempo al descanso.

▸ **CONSEJO 58:** Primar la cantidad de días a la cantidad de horas. En otras palabras, resulta más eficaz repartir diez horas de estudio en cinco días (dos diarias), que las mismas diez en dos jornadas (cinco diarias).

▸ **CONSEJO 59:** Estudiar en un lugar tranquilo, alejados de posibles interrupciones.

▸ **CONSEJO 60:** A la hora de organizar los estudios deberemos abarcar un mínimo de tres materias a la vez, con el fin de no caer en la tediosa monotonía.

▸ **CONSEJO 61:** No trabajar mecánicamente y dedicar una mayor cantidad de tiempo a aquellas asignaturas que nos resulten más difíciles.

▸ **CONSEJO 62:** Ser paciente, metódico y constante, evitando caer en el estrés.

▸ **CONSEJO 63:** Prestar el máximo de atención en las aulas, ya que cuanta mayor sea nuestra receptividad, menos tiempo deberemos dedicar en casa a hincar los codos.

▸ **CONSEJO 64:** Tomar apuntes captando la lógica de lo que dice el profesor, evitando escribir literalmente lo que éste nos expone, y quedarnos sólo con las ideas importantes.

▸ **CONSEJO 65:** Mantener los apuntes ordenados con la fecha en la que son redactados, con numeración de páginas y clasificados.

▸ **CONSEJO 66:** Ganar rapidez en la toma de apuntes empleando un sistema de claves y abreviaturas propias, para que la velocidad no nos convierta los apuntes en intraducibles.

‣ **CONSEJO 67:** Memorizar los apuntes a través de esquemas simplifica las tareas, discriminando aquello que puede resultar inútil o secundario y activa nuestra memoria visual.

‣ **CONSEJO 68:** Para poder asimilar el contenido que centra nuestro estudio resulta básico estar despejados y descansados.

‣ **CONSEJO 69:** El subrayado es otra técnica de estudio que permite economizar tiempo y esfuerzos. Consiste en destacar las ideas centrales, datos importantes y palabras técnicas que conlleven cierta dificultad a la hora de retenerlas en la mente.

‣ **CONSEJO 70:** Existen técnicas de lectura rápida, una práctica que se puede aplicar a estudios.

‣ **CONSEJO 71:** También existen trucos para la memorización rápida de contenidos. Éstos se conocen como: el itinerario, reglas mnemotécnicas y la historia.

‣ **CONSEJO 72:** No olvidar que el descanso ha de ir asociado al estudio. De lo contrario, no obtendremos el rendimiento y dedicaremos horas estériles ante los libros.

‣ **CONSEJO 73:** Antes de un examen hay que realizar la planificación necesaria con el fin de que lleguemos a la prueba con la suficiente preparación y tranquilidad.

‣ **CONSEJO 74:** Durante el examen es muy necesario dosificar el tiempo.

▸ **CONSEJO 75:** Después del examen deberemos superar la posible angustia que tengamos reconstruyendo la prueba y, con la ayuda de los apuntes y libros, corregir nuestras respuestas con el máximo de objetividad. En otras palabras, anticiparnos y estar preparados para lo mejor o lo peor.

▸ **CONSEJO 76:** La agenda es un instrumento imprescindible en la planificación de nuestra vida laboral. Existen diversos tipos, desde las modernas «Palms» electrónicas a las tradicionales de papel de diversos tamaños.

▸ **CONSEJO 77:** Una agenda operativa es aquella que, antes de empezar la jornada, nos muestra detalladamente todas las actividades que nos depara el día: reuniones, gestiones, llamadas telefónicas, correspondencia y correo electrónico a enviar o, según sea el caso, a responder.

▸ **CONSEJO 78:** Un buen complemento a la agenda es el ordenador, ya que puede avisarnos con una alarma acústica en el momento en que tengamos que ejecutar acciones puntuales, e incluso puede hacerlo con cierta anticipación.

▸ **CONSEJO 79:** Resulta muy útil guardar y tener a buen recaudo las agendas de años anteriores. Una colección completa de agendas que hemos empleado en los últimos cinco años es una fuente de información incalculable.

▸ **CONSEJO 80:** En muchas de las gestiones del día, el correo electrónico nos permite sustituir el papel, las llamadas telefónicas y los intermediarios a través del ordenador. Su efectividad es óptima, ya que la velocidad de transmisión de los datos es casi instantánea.

▸ **CONSEJO 81:** Una manera de ahorrarnos el tiempo de los desplazamientos profesionales consiste en contratar a nuestro operador videoconferencias, que transmiten voz e imagen a través de la banda ancha telefónica.

▸ **CONSEJO 82:** El teléfono móvil resulta indispensable para estar localizados en cualquier momento y poder hacer gestiones telefónicas desde cualquier lugar.

▸ **CONSEJO 83:** Un ordenador portátil puede convertir un desplazamiento o la sala de espera de un aeropuerto en la prolongación natural de la oficina.

▸ **CONSEJO 84:** Es esencial gestionar las líneas telefónicas de nuestro puesto de trabajo. Lo ideal es que de ello se encargue una tercera persona que realice el «filtrado» necesario para no ser interrumpidos constantemente.

▸ **CONSEJO 85:** Planificar con anticipación las reuniones de trabajo. La mejor convocatoria es aquella que se realiza con tiempo, que facilita un orden del día y que avanza, de antemano, los contenidos para que los asistentes acudan preparados.

▸ **CONSEJO 86:** Antes de cualquier tipo de encuentro profesional deberemos confirmar la cita con nuestro interlocutor y destacar claramente el motivo de la reunión.

▶ **CONSEJO 87:** Al iniciar la reunión hay que recordar la hora en que debe finalizar el encuentro.

▶ **CONSEJO 88:** Fomentar las relaciones personales y emplear en éstas, siempre que proceda, las nuevas tecnologías. Los correos electrónicos o los teléfonos móviles agilizan en gran medida las comunicaciones.

▶ **CONSEJO 89:** En el ámbito de las relaciones humanas, nadie está a salvo de tropezarse con personas que no tienen nada mejor que hacer que perder el tiempo, que entienden las relaciones como un puro entretenimiento: ante ellos hay que ser educadamente expeditivo.

▶ **CONSEJO 90:** Incrementar el tiempo que dedicamos a la familia compartiendo las comidas, evitando el televisor, fomentando el diálogo en la mesa, compartiendo con los hijos las tareas escolares y acompañándoles en el momento de acostarse, para hacer un balance de cómo ha ido el día y comentar las previsiones de la jornada siguiente.

▶ **CONSEJO 91:** Planificar los fines de semana con anticipación, implicando a toda la familia y negociando horarios.

▶ **CONSEJO 92:** Dedicar tiempo a nuestra pareja creando espacios personales y consensuando las actividades que cada uno propone, en función de sus necesidades o apetencias.

▶ **CONSEJO 93:** La organización es esencial para aprovechar el tiempo libre. Para ello es muy importante determinar qué es lo que queremos hacer y adaptar esa actividad al tiempo de que dispongamos.

▶ **CONSEJO 94:** Enseñemos a los niños a aprovechar el tiempo. Se trata de algo que deben aprender y que debe formar parte de su educación. Es tarea de padres y maestros.

▶ **CONSEJO 95:** No olvidar que los adultos —padres y maestros— somos el ejemplo que imitan los niños. Deben saber que el tiempo es un concepto que ellos mismos pueden administrar.

▶ **CONSEJO 96:** Hay que demostrar a los pequeños que existen muchas y mejores alternativas al hecho de sentarse ante el televisor pasivamente.

Poner ejemplos de las acciones que se pueden llegar a realizar en una hora y lo que se está perdiendo por no quitar la vista de la pantalla.

CONSEJO 97: Durante los fines de semana, los niños no deben perder los hábitos de trabajo, de esfuerzo intelectual, ni la asunción de valores éticos de los días escolares.

▶ **CONSEJO 98:** Invitar a nuestros hijos a participar en labores domésticas. Pueden ayudarnos a hacer la compra o la limpieza del hogar.

▶ **CONSEJO 99:** Invitar a los niños a participar en la planificación de los días festivos y periodos de vacaciones.

Demostrarles que tienen voz y voto y que toda la familia está absolutamente implicada en el reto de aprovechar el tiempo.

▸ **CONSEJO 100:** Cuando empiecen a escribir, regalarles una agenda infantil y motivarles para que se familiaricen con ésta.